本书得到全国教育科学规划项目教育部 ⋯⋯
新微观视角的评价指标研究"
（项目编号：DIA130314）资助支持

高校协同创新：
基于微观视角的研究

南荣素　张相林　著

中国财经出版传媒集团

经济科学出版社
Economic Science Press

图书在版编目（CIP）数据

高校协同创新：基于微观视角的研究/南荣素，张
相林著 . —北京：经济科学出版社，2017.10
　ISBN 978－7－5141－8623－9

　Ⅰ.①高…　Ⅱ.①南…　②张…　Ⅲ.①高等学校-创
新管理-研究-中国　Ⅳ.①G647

中国版本图书馆 CIP 数据核字（2017）第 269981 号

责任编辑：王　娟　凌　健
责任校对：隗立娜
责任印制：邱　天

高校协同创新：基于微观视角的研究

南荣素　张相林　著

经济科学出版社出版、发行　新华书店经销
社址：北京市海淀区阜成路甲 28 号　邮编：100142
总编部电话：010-88191217　发行部电话：010-88191522
网址：www. esp. com. cn
电子邮件：esp@ esp. com. cn
天猫网店：经济科学出版社旗舰店
网址：http://jjkxcbs. tmall. com
北京季蜂印刷有限公司印装
710×1000　16 开　12.75 印张　200000 字
2018 年 2 月第 1 版　2018 年 2 月第 1 次印刷
ISBN 978－7－5141－8623－9　定价：49.00 元
（图书出现印装问题，本社负责调换。电话：010-88191502）
（版权所有　翻印必究　举报电话：010-88191586
电子邮箱：dbts@ esp. com. cn）

摘　　要

　　协同创新是指多方主体通过知识、资源、行动、绩效等方面的整合，以及在互惠知识分享，资源优化配置，行动的最优同步，系统的匹配度方面的互动，实现创新要素的系统优化和合作创新的过程。创新行为的表现程度不应单指创新思想本身，应该包括创新思想的产生、内容、推广与发展执行方案，如此才能确保创新的思想可以被有效地执行。因此，完善的协同创新绩效评价是保证创新思想和行为有效运行的前提条件，只有正确对高校协同创新进行绩效评价，创新团队才能良好运转，才能确保团队成员在创新想法的内容、产生、推广与发展执行方案的过程中具有明确的目的性、高度的组织性、完善的计划性和良好的协同性。

　　本书的目的在于探讨中国高校协同创新中存在的理论和实践问题。基于这一目的，本书从以下方面展开了研究：首先，从我国高校协同创新现状出发，从国内外高校协同创新的先进经验中进行学习和吸纳，通过团队访谈和问卷调查获取第一手资料，进行深入调查分析，了解当前我国高校协同创新的具体情况，以及明确在高校协同创新中迫切需要解决的理论和实践问题；其次，在访谈和问卷调查的基础上，通过协同创新团队建设和绩效评价个案分析，以及对广东省协同创新绩效评价的案例分析，根据我国具体情况，提出了我国高校协同创新绩效评价指标，并提出提升协同创新绩效的政策建议；最后，针对前述的访谈、问卷调查和提出的协同创新绩效评价指标，利用我国高校科研产出的数据进行实证检验，不仅丰富了有关协同创新科研产出效率的研究，而且可以为政策制定者提供一定的理论支持。

　　全书包含五章，每章从不同角度探讨了高校协同创新问题。各章的具体研究角度、研究内容与研究结论如下：

第1章主要是回顾高校协同创新的相关文献。通过从协同创新行为、高校协同创新的绩效评价、管理模式、激励机制和科研成果转化研究等方面对相关的文献的回顾、分析和总结，阐述了当前高校协同创新研究的进展和不足，给出了高校协同创新的未来研究的发展方向。

第2章探讨分析国内外高校协同创新的先进经验。本章通过借鉴已有经验，总结推进科研体制改革、加强学术资源整合创新、深化跨学科交叉研究、促进青年教师成长发展的重要举措，找出当前高校协同创新存在的问题与难点，提出应基于绩效评价、科研创新产出效率等角度，科学建构高校协同创新评价指标体系，进而鼓励和支持青年教师以国家经济社会发展重大需求为导向，以项目为纽带，立足学术前沿组建跨学科、跨专业研究团队，协同开展创新性、前瞻性、战略性研究。

第3章基于文献研究和国内外经验等基础，开展研究实证调查。本研究面向"团队领军人才""团队成员""同行专家"开展问卷调查、进行访谈和专家座谈，调查分析高校协同创新的现状、满意度、改进思路和策略建议等。考虑到高校青年科研创新团队分布较广，普遍做问卷有一定的难度，因此，本研究利用参与科技人才相关研究课题的各种机会，组织进行了40余人的专业性访谈。访谈的对象涵盖团队负责人、团队成员、高校科技管理部门或人事部门人员。从而对高校协同创新现状、绩效评价及影响因素等问题获得了一个比较广阔的、整体的视野，从多重角度对其影响因素进行深入和细致的描述。

第4章探讨高校协同创新绩效评价指标。本章通过对访谈和问卷研究的数据分析，并通过对广东省高层次科研协同创新绩效评价的典型案例进行剖析和总结，提出高校协同创新绩效评价体系。首先，通过描述性统计分析并归纳和总结了优秀协同创新团队的特点及其基本特征；其次，进行相关影响因素分析，发现创新团队结构因子、团队类型、创新绩效影响因素等；再其次，进行相关性统计分析，初步探索调查研究的管理学、人才学、创新评价的理论与实践价值。最后在经验分析、调查访谈、案例分析的基础上，提出高校协同创新绩效提升对策思考。提出应在软硬件支持、经费管理、后续服务、成果认定和转化、激励考核机制等方面进一步完善或改革，并详细提出具体对策和建议。

第5章检验了高校协同创新科研产出效率。本章首先检验了国家财政投入对科研产出效率的影响，使用 2008～2011 年间中国 95 所 "211 工程" 高校的面板数据，本书首先运用 DEA 模型分析了样本中高校的科研投入产出效率，并且发现，"211 工程" 高校的整体科研效率较低，国家对公众认同的传统名校的高投入并没有带来相应的高回报。同时，本章实证分析了国家财政投入对高校产出的影响，通过使用 Cobb – Douglas 生产函数构建的面板数据模型以及工具变量法解决模型中可能存在的内生性问题，并发现，国家的财政投入对高校的国外论文发表以及课题的获得有积极的促进作用，且这种作用在不同的区域也有明显的差异。其次，本章利用上述数据，使用 Cobb – Douglas 生产函数构建的面板数据模型，实证分析了校企合作对高校科研产出的影响。结果表明，校企合作对我国高校的国外论文发表以及课题的获得有着积极的促进作用，并且这种关系在东、中、西部三个地区之间存在明显的地区性差异。以上结论表明校企合作这一政府与市场的调节机制能够促进高校科研产出与成果应用。

前　言

当前，从全球范围看，科学技术越来越成为推动经济社会发展的主要力量，创新驱动是大势所趋。技术创新是一国发展的动力源泉，促进国家发展和科技进步，实施科教兴国和可持续发展战略，提高自主创新能力，人才是基础、支撑和关键。改革开放以来，我国国家财政用于科技的投入以及全社会的研发经费连年增长，也形成了一批具有自主知识产权和市场竞争力的产品。

人才资源为第一资源，这不仅成为全社会的共识，而且得到了党和国家领导人的肯定。2012 年 3 月 23 日，在全面提高高等教育质量工作会上，教育部、财政部联合颁发了《关于实施高等学校创新能力提升计划的意见》，旨在突破高校内外部机制体制壁垒，释放人才、资源等创新要素活力。在 2014 的"两会"中，国务院总理李克强指出，创新是国家经济结构调整优化的原动力，要把创新放在国家发展全局的核心位置，促进科技与经济社会发展紧密结合，推动我国产业向全球价值链高端跃升。提出要加快科技体制改革、创建产学研协同创新联盟。党的十八大以来，习近平总书记把创新摆在国家发展全局的核心位置，高度重视科技创新，围绕实施创新驱动发展战略、加快推进以科技创新为核心的全面创新，提出一系列新思想、新论断、新要求。习近平总书记 5 月 30 日在全国科技创新大会、两院院士大会、中国科协第九次全国代表大会上关于"科技创新、制度创新要协同发挥作用，两个轮子一起转"的论述，并强调，新科技革命和产业变革将是最难掌控但必须面对的不确定性因素之一，抓住了就是机遇，抓不住就是挑战。他指出，"科学技术越来越成为推动经济社会发展的主要力量，创新驱动是大势所趋"。

然而我们在很多方面还很落后，在科学技术领域、原理和方法上缺少重大突破，许多核心技术和重大设备严重依赖进口，产业发展在很大程度上受到发达国家的专利制约。根据2004年《洛桑报告》的评估，我国的专利生产率和科技论文数量均远远低于美国、日本等发达国家，我国科技竞争力的国际排名仅为第24位。同时，目前我国科技创新较盲目，急需一种新的机制来加强技术创新成果的应用。对于高校技术创新，高校科研人员的创新成果转化意识薄弱限制了高校技术创新的应用，使得高校技术创新成果与企业生产实践相脱节。另外，高校技术创新成果的评价标准尚没有统一，使得激励机制存在严重滞后。基于上述分析，我们急需一种新的合作机制来加强技术创新成果的应用。

当今世界正处在大发展大变革大调整时期。世界多极化、经济全球化深入发展，科技进步日新月异，知识经济方兴未艾，加快人才发展是在激烈的国际竞争中赢得主动的重大战略选择，而创新型人才又是最有价值的人才资源。《中华人民共和国国民经济和社会发展第十三个五年规划纲要》明确提出："把人才作为支撑发展的第一资源，加快推进人才发展体制和政策创新，构建有国际竞争力的人才制度优势，提高人才质量，优化人才结构，加快建设人才强国。"最近中共中央印发了《关于深化人才发展体制机制改革的意见》（以下简称《意见》），《意见》号召："深入贯彻习近平总书记系列重要讲话精神，坚持聚天下英才而用之，牢固树立科学人才观，深入实施人才优先发展战略，遵循社会主义市场经济规律和人才成长规律，破除束缚人才发展的思想观念和体制机制障碍，解放和增强人才活力，构建科学规范、开放包容、运行高效的人才发展治理体系，形成具有国际竞争力的人才制度优势。"我们事业的每个进步都是依靠科技的创新、知识的创新、方法的创新、体制的创新等多方面，所有的这些创新都离不开创新型人才。因此，探讨与研究"创新型人才培养与评价"是培养、使用创新型人才的关键所在。

随着第五代管理时代、知识经济的到来，越来越强调竞争、团队、新型管理模式，科研创新以及科技人才管理尤其如此。大量的例子表明，如何让青年科技人才保持持续的创新热情，不断地提高创新能力，提升创新绩效，注重个体科研行为改进和激励是重要的，但是，强调团队创新气氛、创新环境培育、改善团队结构等更为重要。通过创新团队建设，进一步弘扬创新精神，目的是培育符合创新发展要求的人才队伍。

高校协同创新系统是以知识增值为核心，以知识生产机构（高校、科研机构）、企业、政府、中介机构和用户等为主体，为实现重大科技创新而开展的大跨度整合的创新组织模式。高校青年科研创新人才是我国科技人才的中坚力量，调查研究高校协同创新现状和需求，探讨其创新行为影响因素及其作用机理，建构有效的理论模型，以探索激励科技创新人才创新行为、提高其创新能力的新思路和对策，用以指导青年科技人才管理工作，促进我国创新型国家建设，无疑具有重要的理论意义和实践意义。

　　本书的目的就是结合我国创新型国家建设的现实，解决我国高校协同创新中存在的制度建设、绩效评价、产出效率和激励机制等问题。

　　本书的主要贡献在于：

　　第一，在协同创新行为、高校协同创新的绩效评价、管理模式、激励机制和科研成果转化研究等方面，本书基于合作与竞争理论，对相关文献的归纳和总结。本部分结合我国创新发展要求，重点从团队选拔、团队考核、团队激励和外部支持、经费管理和成果转化等方面对科研创新团队的外部管理研究进行了分析，从科研创新团队定义和特征、团队能力研究、团队组建研究、绩效影响因素研究、团队目标研究、团队领导人研究、成员行为研究、成员关系研究、成员管理研究等内部建设管理研究进行了总结。研究发现，从现有的研究成果来看，国外文献中关于协同创新方面的研究成果较为丰富，为国家培育创新型人才也已成为各国重要的发展战略之一。国外科研团队的概念和理论主要是从企业团队理论发展而来，虽然由于定义的不同，国外学者对科研团队的直接研究较少，对科研团队的专门理论研究并不多见，大多集中在个案介绍和实证分析方面，全面地总结其建设经验和教训，探索其形成与发展规律等。因此，本研究认为应立足于本国特色，有选择地进行参考借鉴。而我国科研创新团队作为大学科研与人才培养的重要组织形式，受到国家的重视与社会的推崇，国内科研创新团队的研究视角也相对更多元化。

　　第二，在高校协同创新国内外经验方面，本书对国内外青年科研创新团队建设的经验进行总结和借鉴，并通过对国内外高校科研团队建设与绩效评价个案分析表明，人才发展计划、经费到位率与执行率、税收政策优惠程度、知识产权保护程度和资助科研项目力度等配套政策、基础设施要素和经济市场要素、组织团队建设、海外人才家属的支持和项目评审与项目资金管理等几个方面在创新绩效的影响因素中的重要性评价较高。

第三，在我国高校协同创新现状调查分析方面，本书对高校科研创新团队进行了访谈和问卷调查。首先，本研究选取了某大学连续三批的青年科研创新团队作为访谈对象，采用半结构式访谈，目的在于了解协同创新三年目标的实现情况和存在问题，探索协同创新的改进策略和途径。通过对访谈结论的分析和总结，本研究针对团队成长过程中的内部建设和外部管理的情况得以进行深入的了解。其次，本研究为更好地了解高校协同创新的影响因素以及这些因素作用机理，本研究在文献综述、个案分析、专家访谈等基础上编制了问卷调查表，并选择某大学的第一、第二、第三期青年科研创新团队成员（包括负责人和普通成员）进行了问卷调查，获得了一手的调查资料。本次问卷的调查对象为某大学第一、第二、第三期的团队负责人及其成员。调查通过问卷星共发放问卷123份，经过问卷整理，有效问卷为123份。通过对调查阶段的问卷结果进行初步描述性统计分析，揭示了基本的调查结果，结合前期文献研究和个案研究等内容，对协同创新的现状和未来发展展望提供帮助。

第四，在我国高校协同创新绩效评价指标的案例研究方面，本书在前述研究的基础上，通过对广东高校协同创新案例的具体分析，并根据高校科技人才创新绩效评估理论框架，提出了评价体系的三级指标体系表。海外人才团队式引进的绩效评估指标体系由3个一级指标、10个二级指标还有17个三级指标构成，三级指标中包括9个定量指标，8个定性指标。其中，团队绩效方面的二级指标有学术成果、经济效益和社会影响力；团队建设方面的二级指标有到岗率、团队氛围、团队结构、团队合作和压力感受；团队成长方面的二级指标有成长环境和成长状况。本研究继而通过构造两两比较判断矩阵对各指标权重进行了确定，从而得到了考虑指标权重分配的绩效评价体系。最后根据指标体系，本书在高校协同创新绩效提升方面，建议进一步完善制度建设，加强政策支持和制度保障；重视创新投入，构建面向青年科技人才的科技投入机制；基于创新目标分析，注重和完善团队组织建设；加强领军人才的作用前提下，拓宽团队成员开发的广度和深度；倡导创新文化，培育和改善团队创新氛围；尊重人才成长与科学研究的规律，改进青年科技人才评价机制；科学制定团队发展目标，提升个人对团队创新目标的认知度；兼顾各类团队的学科差异，制定相适应的团队管理与开发策略。

第五，在高校协同创新科研产出效率方面，本书创新性地从国家财政投入和校企结合的两个角度对科研产出的影响进行了实证检验。首先，在国家制定"科教兴国"战略下的"211工程"背景下，以中国教育部直属的"211工程"高校为研究对象，运用DEA法与参数检验，研究国家财政对高校科研投入的产出效率。并针对DEA"黑箱"分析的局限（即不能具体得到人力资源、资本等各项投入对产出的贡献程度等信息），本书使用Cobb-Douglas生产函数构建的面板数据模型，并将国家财政对高校的科研投入作为生产要素加入模型中，得出了国家财政对高校的科研投入与其他生产要素对高校科研产出的边际产出。同时在考虑内生性问题下，使用工具变量与面板模型分析得到国家对高校的科研资金投入与高校的科研产出两者的关系，使结论更加具有说服力。本书还研究了国家财政投入在东中西部不同地区的科研投入边际产出是否存在显著差异。其次，本书在充分考虑不同层次高校中校企合作对其科研产出影响差异的基础上，利用2008～2011年间中国教育部直属的"211工程"院校数据建立面板模型，实证分析校企合作对我国高校科研产出的影响，这将不仅丰富有关校企合作经济后果的文献，而且可以为政策制定者提供一定的政策支持。

目　　录

第1章　高校协同创新研究综述 ·················· 1

1.1　协同创新的创新行为研究 ················ 1

1.2　高校协同创新绩效评价研究 ··········· 17

1.3　高校协同创新的管理研究 ··············· 21

1.4　高校协同创新激励机制研究 ··········· 28

1.5　高校协同创新科研成果转化研究 ······ 31

1.6　文献述评 ··························· 34

第2章　高校协同创新的国内外经验 ·········· 37

2.1　国内高校协同创新的经验 ············· 37

2.2　国外高校协同创新经验借鉴 ··········· 50

第3章　高校协同创新访谈和问卷调查研究 ·········· 52

3.1　高校协同创新访谈 ··············· 52

3.2　高校协同创新的问卷调查研究 ········· 67

3.3　高校协同创新访谈与问卷调查结论分析 ······ 89

第4章　高校协同创新绩效指标的案例研究 ·········· 92

4.1　高校协同创新与绩效评价的关系分析 ········· 92

4.2　广东高校协同创新绩效评价方法的案例分析 ······ 102

4.3　我国高校协同创新绩效评价指标设计 ·········· 126

4.4　高校协同创新绩效提升的对策思考 ············ 131

第5章　高校协同创新科研产出效率的实证研究·················· 141

　5.1　国家财政投入对科研产出效率的影响 ················· 141

　5.2　校企合作对高校科研产出的影响 ··············· 154

附件-1　"高校青年科研创新团队建设"访谈提纲 ·········· 165

附件-2　青年科研创新团队建设满意度和发展意愿

　　　　调查量表 ································· 166

附件-3　****大学青年科研创新团队建设支持协议书 ······· 171

参考文献 ··· 172

后　　记 ··· 189

第 1 章

高校协同创新研究综述

　　高校协同创新是指高校内部各学科教师之间、高校与高校教师之间以及高校教师与科研院所和企业的研究者、生产者、管理者之间，围绕国家重大战略需求、重大科技项目、解决行业关键和共性技术以及生产实际中的重大问题，投入各自的优势资源和能力，在政府、科技服务中介机构、金融机构等相关主体的协同支持下，合作攻关，从而力求在科学研究、技术开发上取得重大进展和突破的创新活动（李忠云、邓秀新，2011）。

　　本章以合作竞争理论为基础，对协同创新的创新行为、高校协同创新绩效考核、高校协同创新管理模式、高校协同创新激励机制及高校科研成果转化等方面进行比较系统的整理和评述，并分析未来高校协同创新研究的发展方向。

1.1　协同创新的创新行为研究

　　"协同"这一的念最早可以追溯到1971年德国学者哈肯（Haken）的《系统论》。他认为协同是复杂系统本身所固有的自组织能力，是形成系统有序结构的内部作用力，并统一解决了系统从无序转变为有序的过程（哈肯，1984）。协同效应指在复杂的大系统内，各子系统的协同行为产生出的超越各要素自身的单独作用，从而形成整个系统的统一作用与联合作用，产生外部正效应。

　　协同创新是指多方主体通过知识、资源、行动、绩效等方面的整合，以及在互惠知识分享，资源优化配置，行动的最优同步，系统的匹配度方面的互动，实现创新要素的系统优化和合作创新的过程（Senano and Fischer，2007）。高校协同创新系统是以知识增值为核心，以知识生产机构（高校、科研机构）、企业、政府、中介机构和用户等为主体，为实现重大科技创新而开展的大跨度整合的创新组织模式。其关键是形成以大学、企业、研究机构为核心要素，以政府、金融机构、中介组织、创新平台、非营利性组织等为辅助要素的多元主体协同互动的网络创新模式，通过知识创造主体和技术创新主体间的深入合作和资源整合，产生"1 + 1 > 2"的非线性效用（陈劲，2011）。

网络合作关系打破了以往那种以自我积累为主，彼此依存度相当低的发展模式，通过构建以核心能力、资源共享、优势互补等内容为主的启动平台，最大限度地利用外部资源，实现高于平均水平的综合效益。在协同创新过程中，企业参与协同创新的主要动机是降低和减少研发时间、成本、风险、技术难题的解决、开发新产品、获取互补性创新资源、进入技术新领域（Lee, 1996）。而大学通过与企业的协同创新，可以获得企业的经济支持、推进研究成果的应用性，以及从实践出发，来发现和探索新的研究领域以此获得更多的学术成果（Geuna and Nesta, 2006）。因此，参与协同创新是实现多方主体共赢的有效途径。

国外对于创新行为（innovative behavior）的相关研究比较早。学者们认为，创新行为包括创新意识、创新精神、创新能力。其中，创新意识即人脑在不断运动变化中的客观事物的刺激下，自觉产生积极改变客观事物现状的创造思想和欲望，是一种总想用新思路、新方法去解决问题的态度和意愿。创新精神即创造新事物、新思想、新观念的自信心、坚持力、探索精神和对自己所从事的教育事业无限热爱的品质，是创造的源动力。创新能力具有解决问题的求异性、新颖性和高效性，它是各种能力的复合体（王玉丽，2004）。河海大学的王斌博士对企业科技人才的创新行为进行了研究，他认为，创新是一个行为过程，创新行为的意义在于人才为了达成创新性而表现出来的行为，是 个多阶段的行为过程，在这一行为过程中，产生了技术创新、产品创新、组织创新、制度创新、管理创新等成果。企业科技人才的创新行为并不是一个孤立的个人行为，在创新行为过程中，科技人才通过与企业的生产经营行为、文化行为等一起构成了企业行为。虽然科技人才的创新行为受到企业内外各种因素的影响，但是，科技人才的创新行为具有明确的目的性和高度的组织性、计划性和协同性（王斌，2007）。

创新行为包括个人创新行为和组织创新行为两种。

1.1.1　个人创新行为

关于个人创新行为的概念，周和乔治（Zhou and George）认为个人创新行为的表现程度不应单指创新思想本身，应该包括创新思想的产生、内容、推广与发展执行方案，如此才能确保创新的思想可以被有效地执行。创新行为的操作性定义是"团队成员在创新想法的内容、产生、推广与发展执行方案的过程中，行为表现的创新程度"（2001）。

但针对创新人才个体的创新绩效或行为研究却很少有人涉及，研究尚处于非常初级的阶段。坎特（Kanter）研究了创新的过程之后指出，个体创新包括 3 个阶段：初始阶段常常是由个体对问题的认知及观念的产生开始；接着则由拥有创新性的个体将其创意寻求赞同者的资助及试图让支持者结盟；最后阶段，则是由有创新性的个体将创意加以实践，使之成为一项创新的原型或模型，最后经由量化生产，并推出商品化的产品或服务。创新是一个包括多个阶段的过程，每一阶段都包含不同的活动以及必要的行为（Kanter，1988）。创新所着重的是创新概念具体获得成功实践的整体历程；这一概念与以坎特为代表的历程（process）观点来界定创新性是相通的（Wu，Se - Hwa，Yan，Lu - Miao，Han，Tzu - Shian，and Wang，Mei - Ya，2000）。

1.1.2　组织创新行为

目前，国内外学者对组织创新能力与创新行为做了大量研究。其中，库马和斯的哈尔汉（Kumar and Siddharthan）以 213 家中国工业企业为调查对象所完成的研究最为著名。他们把创新能力分为学习能力、研发能力、生产能力、营销能力、组织能力、资源分配能力和战略计划能力这 7 种能力，以此也决定了这些企业的创新绩效。研究发现，组织创新行为以及创新绩效的高低与创新能力具有紧密的联系，研发能力、学习能力和营销能力能够保持创新绩效的持续增加，生产能力、组织能力、资源分配能力和战略计划能力则对创新绩效影响不大（Kumar and Siddharthan，2002）。

由于没有找到国外青年科研创新团队建设的直接相关性研究，本研究尝试使用"团队（Team）""团体（Group）""项目（Project）""科研（scientificresearch）""RandD center""创新（innovate）""研发（research and development）""科研创新团队（innovation team of science）""管理

（management）"等为关键词，在爱思维尔（Elsevier ScienceDirect）、科学网（webof science）、工程村（Engineering Village）、学位论文全文数据库（ProQuest）等外文数据库以及国外各学术网站进行检索，发现352篇相关文献和少量专著，其中欧美学者的研究占了50%以上，还包括少数东亚和澳洲、南美等研究。虽极少发现"创新"和"青年"等字眼，团队的相关理论研究也多集中在企业领域，基本没有以青年科研创新团队作为对象的研究，其科研组织形式并不着重强调创新团队。但国外学者在创新、科研、管理等方面的团队研究，其组建模式、内部规律、运行管理等方面对我们"青年科研创新团队"的研究都有着十分重要的启发意义。研究成果如表1-1所示：

表1-1　　　　　　　　国外科研创新团队的相关研究

主要研究内容			学者
国外科研创新团队文献概况	内部建设	定义和特征	库恩（1962），贝尔纳（1939），韦斯特（1989），希金斯（1995），金、安德森（2002），乌尔夫（1994），斯蒂格（2003），弗里曼（2006）
		能力	埃里克、肯尼思、大卫（1990），坎皮恩等（1993），格拉斯丁（1984），马比勒、希尔（1994），雷蒙德、罗贝尔（2008），崔芬格（1985），西蒙（2001），狄克思特修斯（2006），罗科（1993）
		组建（规模、结构、组织模式）	辛普森、鲍尔（1999），李（2015），卡岑巴赫、史密斯（1993），中山茂（1978，1995），赫格尔、普洛塞尔皮奥（2004），艾茉森、萨皮恩扎（1997），卡门等（2013）
		团队绩效影响因素	赛尔（1997），阿尔奇安、德姆塞茨（1972），赫格尔、普洛塞尔皮奥（2004），赫格尔（2005），弗雷迪克等人（2015）
		团队目标	多伊奇（1949），罗宾斯（1994），史密斯等（1993）
		团队领导人	伊斯顿、罗森茨韦克（2015），Hina 萨利姆（2015），佩尔兹（1963），安德鲁斯（1967），米尔洛等人（2007）
		成员行为	阿马比尔（1983），格洛尔等（2008），赫尔本、维杰特（2003），黛博拉、罗弗（2009），郑等（2008），曼宁（2008），克拉策等（2004），弗洛伦斯（2004），伊丽莎白（2005），罗宾斯（2003），克里斯多夫、史蒂芬（2007），海因茨（2006），克罗斯、帕克（2004），菲尔德（2009）
		成员关系	奥特森（2003），多尔蒂等人（2004），斯特凡诺等人（2010），利奥等人（2015），洛曼（2002）
		成员管理 成员选拔	许书剑等（2015）
		成员开发与培养	韩国科技部（1990，1995）
		成员考核	奥斯本、默兰（2004），查连芳（2002）
		成员激励	阿恩（2013），德兰（2013），德克（2014），明丛（2014）
	管理模式创新		肯（2004），摩尔（1978），德伍夫等（2007）
	新型科研团队		利连（2014）

续表

国外科研创新团队文献概况	外部管理	考核	摩根团队（2006），格里利兹、尼尔森（2006），国家科技评估中心（2008），国家科学基金会（National Science Foundation，2000），欧盟（European Union，1997），俄罗斯科教中学，日本（20001），联合国西亚经济与社会委员会（2003）
		外部支持	阿萨格拉卡罗（2003、2006）
		经费管理	博德里等人（2012），陈等人（2015），日本综合科学技术会议（2003），文部科学省（2008），饭田益雄（1998），日本学术振兴会（2013）
		成果转化	约瑟夫等（2004），日本（1998），林等人（2000），德国，美国，英国
	典型案例		罗恰等（2002），摩尔（1978），德伍夫等（2007），杨哲等人（2012），常飞（2012），邱锡光和林銮珠（2015），黎海波（2008）

　　大工业化时代，科学技术使科学家们的相互交流和协作显得越来越重要，为了适应这种需要，18 世纪 80 年代开始，世界上开始出现科学家社团，如英国皇家学会、法国皇家科学院等，这就是近代最早期的科研组织。20 世纪 40 年代以来，由于科学、技术和生产进一步融合，科学技术研究的规模和组织形式发生了巨大变化，特别是在尖端的科学技术上表现尤为突出，如美国 1942 年的"曼哈顿工程"和 1961 年的"阿波罗登月计划"，国外研究者称这种组织形式为"科研群体"。20 世纪 70 年代，随着日本"质量管理小组"的风行，"团队"的理论和实践模式逐渐建立，而后才把"团队"的相关理论引入科学领域，形成"科研团队"。因此，国外科研团队的相关概念主要是从企业团队理论发展而来，大量的研究成果较针对企业的研发团队，对企业中的"创新团队"研究也较多。

　　2004 年之后，创新团队的建设进入高潮，我国对科研创新团队的研究也日益增多。本研究从科研创新团队内部建设和外部管理两个方面对国内相关研究进行了针对性的文献搜索和分析，力图从内外两个视角，从组建到成果产出各环节，比较全面地构建出团队建设知识网络。通过在知网、万方、维普、人大复印资料等中文数据库和国研网、国家科学基金、中国人事科学研究院、UMI 等学术研究网站，以"科研院所""科研（技）创新团队""青年科研（技）创新团队""青年科技（研）创新人才""团队建设"等为关键词，搜索到 1996 到 2015 年的相关文献 1352 篇，同时对与之紧密度较高的、索引率 1 次以上的文献 174 篇进行了阅读和分析，包括南大核心及其以上 81 篇、北大核心及其以下 53 篇，硕博论文 24 篇，会议论文 16 篇，以及若干著作和报纸报道。研究成果如表 1 - 2 所示：

表1-2   国内科研创新团队的相关研究

主要研究内容			学者
国内科研创新团队文献概况	内部建设	定义和特征	陈春花、杨映珊（2002），程勉中（2005），刘小林（2005），王凤辉等（2005），陆文明等（2006），魏军（2006），包云（2007），高迎斌、罗时贤（2007），赵海信（2007），徐正富（2013），陈建有（2007）杨宗仁等（2009），杜洋（2009），卜琳华（2010），郭春林等（2011）
		能力	卜琳华、昭平、何明升（2009），卜琳华（2010），衣新发、蔡曙山（2011），廖志豪（2012），王贝贝（2013），萧鸣政、张相林（2012）
		组建（规模、结构、组织模式）	周洪利（2007），郭碧坚（1997），肖俊一（2014），何晶晶（2009），韩宇等（2002），李霞（2012），刘慧等（2011）
		团队绩效影响因素	孙孝科（2011），王怡然（2007），周霏（2009），张楠楠等学者（2010），李霞（2012），冯海燕（2015）
		团队目标	尚水利（2005），李霞（2012）
		团队领导人	刘念才、赵文华（2006），汤超颖等（2011），谢晔等（2013），时玉宝（2014）
		成员行为	蒋鸿雁（2008），魏爱琴（2005），惠赞等（2008），柯丽菲等（2008），孟建平等（2008），文芮（2008），朱学红等（2007）
		成员关系	王怡然、张楠楠（2010），林莉（2009），鞠铭（2009），陈士俊等（2006），张楠楠等（2009），万锋锋（2009），白永利（2014）
		成员管理	成员选拔	毕路拯等（2004），房国忠、王晓钧（2007），王峥、王永梅（2012）
			成员开放与培养	宋国力（1999），张相林（2009），孙锐、顾琴轩（2009），王殿军（2011），王海峰等学者（2014）
			成员考核	张相林（2010），萧鸣政、张相林（2012），王明杰、张锦（2012），时宝玉（2014），黄文盛等（2014），郭宁生、刘春龙（2014）
			成员激励	张相林（2011），黄多能（2014）
		管理模式创新	张艳、彭颖红（2006），韩冰、韩雪（2013），杜洋（2009），卜琳华、何明升（2009），张滨楠（2013）
		新型科研团队	赵时亮、陈通（2005），刘慧敏等（2007），陈喜乐等（2012）
	外部管理	选拔	王磊（2008），薛娇（2007）
		考核	张海燕（2006），陆萍、卜琳华（2010），刘永茂（2009），赵立丛（2009），苏俊宏等（2009），贺梅英、戴雪飞（2010），戚湧孟等（2011）
		激励	陈刚等（2002），袁桅（2015），谢耀霆（2015）
		外部支持	宋克勤（2006），黄萍莉、谢守美、龚主杰（1999），唐景莉、黄文拔（2004）
		经费管理	宋永杰（2009），付林、李冬叶（2012），赵强强（2009），李燕萍（2009），卿文洁（2011），席西民等学者（2014），付晔、杨军（2014）
		成果转化	林守一、李国华（1996），陈刚等学者（2002），杨忠泰（2003），周文燕（2006），胡朝阳（2010），马志宏（2012），竹正功、孙文德（1998），史伟和施卫东（2002），毛学峰、刘冬梅（2012），蒋熙辉（2009），于翔（2014）
		现状和对策	席西民等（2011），张茂林（2011），蔡家琪、徐进（2004），王世强、光翠娥（2004），张丽丽（2015），伍冠锁（2012），张卓（2013），吴江、张相林（2015）
		典型案例	王琼（2006），朱平（2008），王婕（2010），张卓（2013），董美玲（2013），张桂蓉、蒋萌（2012）

（1）科研创新团队定义和特征研究。

通过文献发现，国外关于团队内涵的研究大多集中于经济领域和管理领域。关于科研团队，国外学者基于本身研究领域的不同，对其也有不同论述，其中较具代表性的是库恩和贝尔纳的创新团队概念。贝尔纳（1939）在《科学的社会功能》中对科研组织的投入产出以及其他方面做了较细致的分析；库恩（1982）则进一步基于"范式"和社会学的"共同体"提出"科学共同体"概念，为分析科技创新团队的形成和维持提供了概念工具。

随着时代的进步，创新越来越成为团队的重要使命。韦斯特（West，1989）认为创新是团队中的某些观点、过程或方法，它们对现行的研究思路具有新意，能有效提高组织绩效。科技创新团队的主要特征应包括有意义的目的、有吸引力的目标、合理规模、互补的技能、达成共识的共同方法、相互承担责任 6 个方面卡曾巴赫（Katzenbaeh，1999）。尽管对团队创新的研究已经取得了一些成果，但还有许多影响团队创新的因素有待探究。希金斯（Higgins，1995）在提出创新方程式时指出个人创造力与组织文化是团队创新的重要影响因素。金·安德森（Kingand Anderson，2002）则认为组织创新的影响因素可分为：领导、结构、气氛与文化以及环境，强调创新组织的建立必须落实于三个层次：个人、团队和组织，并提出创新组织的分析层次与构成成分包括：组织的结构、个人扮演的角色、员工的训练发展、团队工作的建立、人员涉入创新的程度以及组织本身如何去学习及分享知识等。斯蒂格（Stig，2003）进一步分析了影响团队成员参与创新积极性的因素。此外，弗里曼（Freeman，2006）还从科技人才供应对美国经济绩效影响的角度说明了当今科技创新人才的重要性。

通过文献分析发现，国内大部分学者主要从科研创新团队和科技创新人才的概念、意义、现状和发展建议等方面进行探索，研究数量和质量也逐年递增。起始之初，学者们主要从科研创新团队的内涵特征及其作用价值入手。陈春花和杨映珊（2002）对科研团队的定义较具代表性，认为科研团队是以科学技术研究与开发为内容，由技能互补、愿意为共同的科研目的、科研目标和工作方法相互承担责任的，为数不多的科研人员组成的群体。之后许多学者在科研团队的相关研究中直接引用此概念。有的则稍作调整修改，并在此基础上提出科研创新团队概念，强调团队的创新意识和创新能力，程勉中（2005）认为，科研创新团队是以科学技术研究与开发为内容，以科研创新为目的，由专业技能互补，致力于共同的科研目标，并且拥有团队精神的科研人员组成的创新群体。也有学者基于研究需要结合高校或科研院所的具体情境，对科研创新团队作了更细致的界定，如包云（2007）在综合学者关于科研团队概念的基础上，指出高校科研创新团队主要是指高校为了开发科研项目和进行科学技术研究而组建，由一定数量（10人左右）具有创新意识和团队合作精神，知识力量雄厚和科研水平高，技能上、知识上分工合作互补，愿为共同科研目标努力，责任互担、协作共进的科研人员组成的群体；徐正富（2013）则指出科研院所的科研创新团队是以优秀学术带头人为领导，以重点实验室或工程中心为依托，以科学技术与研究开发为内容，拥有合理结构的学术梯队，人数不多且技能互补，愿意为共同的科研目的、科研目标和工作方法互相承担责任的群体。本研究采用教育部颁布的《"长江学者与创新团队发展计划"支持办法》中的概念，认为科研创新团队是以重点实验室、工程中心或重点学科为依托，在长期合作基础上形成的研究集体，其研究方向属于国家和教育部中长期科学和技术发展规划的重点领域或国际重大科技前沿热点问题，对经济增长、社会进步和国家安全有着重要的战略意义。

除了对基本概念进行研究，学者们也关注科研创新团队的基本特征。陈建有（2007）对高校研究团队与一般师资队伍在目标、人员构成、职责上进行区别后指出，高校科技创新团队具有奋斗目标清晰、结构稳定、成员动态组合、创新性、学科交叉性和独特激励机制的特征。杨宗仁等学者（2009）则指出科技创新团队具有目标明确、成员互补、领导者能力强和持续科研性的共同特点，并将其分为学术带头人负责型、项目管理型和学科方向型三类。杜洋（2009）在其论文中指出科研创新团队具有研究目标明确、优势互补、信息共享、互相尊重、学术民主、持续产生新成果的能力等特征。郭春林等学者则认为（2011）科研创新团队具有导师主导性、人员流动性等特点。

（2）科研创新团队能力研究。

科研创新团队的个体和团体能力也吸引了部分学者的注目。埃里克（Eric S，1990）等学者认为团队效能包括两部分：团队绩效和可持续性，团队绩效是组织内部或外部的人员在收到团队的产品、服务和信息后，对团队工作的可接受程度；可持续性则表现为团队成员的满意感和团队承诺。康平（Campion，1993）等学者研究了金融服务企业的80个工作团队，发现团队效能与五类变量有关：团队工作设计、团队成员间的相互依赖、团队构成、团队内部运行过程和情景因素。格莱德斯坦（Gladstein，1984）以近 100 个销售团队为样本进行调查分析，得出了一个实证性的团队效能模型，认为群体的效能是群体过程（如开放的沟通、关于团队策略的充分讨论、对各个团队成员的投入进行权衡等）的函数，这一函数关系受到任务的复杂性、环境的不确定性，以及团队成员完成任务需要相互依存的程度等任务要求的影响，而影响团队过程的重要外部因素有团队构成、团队结构、可得资源以及组织结构等，同时还指出"开放沟通、相互支持、积极领导、经验和培训都与团队满意和团队绩效呈正相关"。马比勒和希尔（MabileandHill，1994）认为团队中个体的创造力包括认知获得、动机、激情、共同信念和知识能力 5 个方面。

也有部分学者对个体成员的能力进行了观测。雷蒙德和罗贝尔（RaymondandRober，2008）认为，个体才能差异和技能是决定科研团队效能的重要因素。伊萨克森和崔芬格（Isaksenand Treffinger，1985）研究发现，只有更好地明白自己所学所想的人才能想到解决问题的创新方法，才能成为创新型人才。西蒙（Simon，2001）通过对牛顿、巴纳德、莱特兄弟等科技创新人才进行分析，认为科技创新人才的创造性成果来源于长期的思考和知识积累。狄克思特修斯（Dijksterhuis，2006）则通过实验的方法证明了创新在人的无意识状态下更容易发生，无意识状态下的思想更加联想和发散。罗科（Roco，1993）在研究生物医学领域做出突出创造的 30 位国外专家后发现，智力、求知欲、创造性想象、灵活性、观察能力、职业热情和坚持性格等学者因素影响着创造力的产生。洛曼（Lohman，2002）认为问题解决是创新实践活动的重要方面，专业人员开始越来越依赖问题解决的技能来处理越来越多的非结构任务。

卜琳华、赵萍和何明升（2009）引入系统观点，将高校科研创新团队视为开放的复杂系统，运用联立方程构建了高校科研创新团队的系统模型，指出高校科研创新团队内部主要影响因素之间相互作用和影响，其中科研产出、学生培养、学科建设是影响高校科研创新团队能力的主要因素。卜琳华（2010）还进一步构造了能力跃进的一般模型对高校科研创新团队的能力跃进机制进行研究，指出高校科研创新团队的能力跃进是其知识积累和创新的结果，而系统前进的主要内部动力有领军人物、知识管理、异质性、共同愿景 4 个方面。

作为科研创新团队的重要成员，创新人才的能力直接影响到团队能力的高低。衣新发和蔡曙山（2011）认为创新人才的心智模式是影响创新人才成长和发展的内在心理机制，并将人类从事创造性活动所需具备的核心特质归纳为六种心智，指出在创新人才成长过程中，知识和经验心智是基础，标准判断、问题发现和内在动机心智是动力，而说服传播心智则是创新产品由个体扩展到群体的保障。廖志豪（2012）构建了创新型科技人才的素质模型，归纳出创新型科技人才在知识构成、思维方式、综合能力和个性品格等方面的共性素质特征：广博精深且结构合理的知识体系、灵活流畅且系统深刻的思维风格、蕴含创新意识与创新精神的个性品格、适应现代科技发展的综合性创新能力。王贝贝（2013）分析和把握了创新型科技人才特征维度的基本结构、形成机理及影响关系，构建出包括自身素质、科技创新行为和科技创新成果特征的维度概念模型。萧鸣政和张相林（2012）则进一步指出高层次的科技创新人才处于各种研究和开发性环境条件下，他们从事具体科研创新工作，具有较高身心素质，所做成就在业内得到广泛认同和肯定，同时掌握了目前先进技术和先进思想并引领创新，具有较强研究能力、创新能力、扩散能力，与目前所处环境相适应。

（3）科研创新团队组建研究。

组建优质的科研创新团队是团队建设的基础。国外学者普遍认为团队组织设计与团队管理模式对于团队成功来说至关重要。辛普森、鲍尔（Simpson and Powell，1999）基于1992年新西兰政府研究实验室的基础重建研究，关注科研团队中有关组织设计的有效性问题，介绍了四种组织原型：孤独的天才、技术推手、市场拉动和多元项目，从组织设计的角度指出科技创新团队的合理构建能够提高团队科技创新能力。李（Lee）等学者（2015）强调团队组成对研究成果创新性的影响，认为科学创新可以归结为新颖性和影响力两方面，指出团队规模和新颖性之间呈"倒U型"关系，而任务多样性对新颖性无直接影响。卡岑巴赫、史密斯（Katzenbach and Smith，1993）认为应注重团队基本结构的构造，一个有效运作且成熟的团队必须具有良好的构造，这种构造主要体现在技能、使命和承担责任方面。中山茂（1995）以"活动中心、语言、留学生、尖端科学、研究费以及学风"六个方面作为美日德三国团队模式的比较视角，提出战后日本科学技术发展模式的基本特点是：教育中心是学部，企业研究所以及大学共同利用机构是研究中心；日常用语是日语，学术用语是英语；缺少从留学生的角度制定大学政策，语言成为留学生开展研究的主要障碍；尖端科学技术是电子；企业在研究经费方面占压倒性优势；科学研究是企业的营利中心。中山茂（1978）还探讨了日本大学内部科学研究的组织基础，指出讲座制是大学甚至日本学术体制的核心，1893 年井上毅导入讲座制是日本帝国大学及其后的国立大学研究功能得到强化的根本原因，也是日本大学创新能力不断发展的重要机制。

国外学者针对团队规模也进行了很多研究。赫格尔、普洛塞尔皮奥（Hoegl and Proserpio，2004）使用 145 个软件开发团队的 430 个成员和领导者的数据，通过回归分析，研究指出虽然没有最为理想的团队模式，但可以根据团队的具体任务来确定团队成员人数，而团队成员之间的沟通、协作、经验和技能的分享等会受到团队规模的影响。艾茉森、萨皮恩扎（Amason and Sapienza，1997）从高层管理团队的角度出发阐述了高层管理团队与认知冲突、情感冲突的关系，认为即便有共同的目标并相信必须在一起工作，成员一起有效工作也很困难，团队规模、团队开放性与认知冲突呈正相关，团队规模越大，越容易产生激烈的认知冲突；同时团队规模和更激烈的情感冲突有关，当团队互动越紧密，开放性越高，情感冲突就会越少。卡门（Carmen，2013）以贝尔宾的角色理论为基础，对一个国际学生的项目团队进行了案例研究，认为只有通过建立小规模团队（3 或 4 人），学生的绩效水平和满意度才会有所提升。赫格尔（Hoegl，2005）还进一步基于 58 个软件开发项目的数据，研究团队规模对团队绩效和团队合作的影响，指出团队越小，团队合作效果越好，并提出了保持小规模团队的四个办法：创建多团队项目，创建一个核心团队和扩展团队，任务外包并明确团队外部贡献，只针对特定的项目阶段保留成员。

我国学者周洪利（2007）将组建高校科技创新团队的因素归纳为为什么组建、由谁组建、凭什么组建、组建的时间和地点以及如何组建等六个方面，即"5W1H 因素"，从而探索出具有实际操作性的创新团队组建方法和途径。郭碧坚（1997）分析了团队组建中确定优先科研项目的重要性，构建了用于确定优先研究项目、基于人——机对话的系统（包括决策系统和信息系统），指出在确定有限科研项目的过程中应综合运用定性和定量的分析方法，考虑项目的风险性、保险性等问题。肖俊一（2014）也认为组建科研团队要满足完成课题的需求，通过学术交流、团队成员培训、申报课题和必要的技术支持扶持科研创新团队成长的同时，积极建设团队文化、遵守科研规范、实行目标管理、责任到人，努力实现科研内容、方法和成果的创新。

团队的结构、规模、组织模式等方面同样引起关注。何晶晶（2009）通过分析西门子数控（南京）有限公司科技创新团队的运行与管理现状指出，高校科技创新团队的组成人员应该具有合理的层次结构，并保持人员的合理流动，同时还要选择优秀的团队带头人。韩宇等学者（2002）通过对国家自然科学基金面上项目35岁以下项目负责人所占比例逐年下降的情况开展问卷调查和座谈活动，指出应重视青年科研人才在团队中的作用，有效激励他们献身科学研究，提出资助重点向科学创造的"最佳年龄区"即25岁至45岁转移、发挥"青年基金"的"育苗"功能、适当放宽对青年科研人员研究基础和前期工作积累的要求、适时推出面向博士和博士后的奖学金基金、改进评审机制、同等条件下适当向35岁以下科研人员进行项目倾斜等政策思考。李霞（2012）按照存在方式，将高校科研创新团队分为师生共同体创新团队、项目创新团队、学科创新团队和分布式创新团队，并提出了高校创新型科研团队线性、交叉或并行、层级式、职能型、项目组、矩阵型和分布式7种主要组织模式，同时指出团队中的小团体和团队破坏性冲突对团队绩效具有负向影响，团队规模在一定范围内会对团队绩效具有正向影响，但超过一定的临界值（如6～10人）时会对团队绩效产生负向影响。刘慧等学者（2011）在分析高校科研团队"导师＋学生"、"学科带头人＋教师"和"教师＋教师"三种模式的基础上，指出创新团队成员不仅要有理论知识强或技术基础好的专家，还要有富有开拓创新的年轻生力军，尤其是高素质的青年科技人才，使之与创新团队融为一体，从而在攻关时起到协作制胜的作用。

（4）科研创新团队目标研究。

高效的团队需要花大量时间努力探寻团队共同目标，团队目标是愿景在现实环境中的具体化，是达到共同愿景的有效途径，且应随着环境的改变而有所调整，每个成员都应对目标十分了解，并为具体目标不断努力。

团队目标在团队概念产生的起始之初就受到了学者们的广泛共识。多伊奇（Deutsch，1949）提出目标结构理论，认为应该使人们在组织中具有共同目标，在共同的目标下合作共事。罗宾斯（Robbins，1994）认为团队是为了实现某一目标而由相互协作的个体所组成的正式群体。史密斯（Smith，1993）等学者则进一步指出，团队成员需要在致力于共同目的、拥有共同负责目标的基础上拥有互补技巧，从而相互信任、达到较高绩效，共同的目的可以使团队具有较好的状态和动力机制。

尚水利（2005）指出高效的团队必须有一个团队及其所有成员共同认可的愿景，它为团队及其成员提供方向上的指引，使成员认识到"我们是团队"，愿意为团队贡献力量，把团队事业当成自己的事业，由此使整个团队的力量得以凝聚。李霞（2012）指出高校创新型科研团队构建不可或缺的部分是拥有共同的愿景或科研目标，共同的愿景或科研目标使团队成员有努力的目标和方向，能充满热情并渴望为解决问题、达到目标而共同工作，可以增强团队凝聚力和向心力，团队成员的愿景和目标越接近或越一致，越有利于科研目标的实现，从而推动创新；同时，具体目标还有利于团队内部成员间问题的交流，使团队专注于创新研究成果的实现，从而减少团队内部冲突、降低内耗。

（5）科研创新团队领导人研究。

团队领导人作为团队的直接负责人和领路人，在团队建设中有着举足轻重的作用。伊斯顿、罗森茨韦克（Easton and Rosenzweig，2015）认为团队领导经验的影响来自社会系统和技术系统，这两方面有助于团队项目的成功。萨利姆（Saleem，2015）则研究了领导风格对工作满意度的影响，认为转换型领导风格对工作满意度有积极影响，交易型领导风格对工作满意度有消极影响。佩尔兹（Pelz，1963）对美国国家卫生研究院的 20 个不同实验室中的 300 名科学家展开有关潜力、生产力指标和文章影响度的判断性评估，发现小组领导者的互动强度与成员创造性呈正相关，特别是对初级科学家尤为如此；同时，在缺乏监管或角色定位不明确的情况下，往往会产生非常差的绩效，而这恰恰体现了科技工作的领导力问题。安德鲁斯（Andrews，1967）通过对工作在政府、实业和学术界的 200 名科学家的创新成果和创新能力进行研究后发现：当领导者的监管方式阻碍新想法的推出时，创新潜力与创新绩效没有关联，但是，如果有一个适当的监管方式，创新能力与创新绩效会呈现相关关系。

我国学者刘念才和赵文华（2006）在研究外国创新团队学术带头人的年龄结构后指出，我国高校科研创新团队的学术带头人呈日趋年轻化的趋势，中青年教学与科研人员已经成为创新团队的主要力量，截至 2008 年的 245 个创新团队中，带头人入选年龄 45 岁以下的达 147 个，占总数的 60.0%。汤超颖等学者（2011）基于文献研究和实际调研建立了包含变革型领导、团队文化及团队创造力之间相关关系的理论模型，通过对 78 个科研团队的有效样本进行数据分析指出，变革型领导行为对团队创造力具有显著的正向影响。谢晔等学者（2013）通过实证研究认为我国科研团队领导力组成要素主要有科技感召力、科技洞察力、科技激发力、科技助推力和科技引领力，并基于不同科研团队领导力的强弱组合将其分为机变型领导力模式（科技洞察力较强）、关系型领导力模式（科技助推力较强）和品牌型领导力模式（科技引领力较强）。时玉宝（2014）从领导创新型科技人才和领导创新工作两个方面设计了一个较为完整的创新科技人才领导机制，并从组织环境和团队建设方面提出改善创新型科技人才团队领导者素质和领导技巧的方法。

（6）科研创新团队成员行为研究。

团队中个体成员是大多数，其行为直接影响到整个团队。团队是相互依存的个体集合，他们对组织的特定结果负责（Sundstorm, Kennech and Futrell, 1990）。阿马比尔（Amabile, 1983）建立了一个社会心理框架去分析环境状况对个体创新行为的影响，发现各种评价、奖励和回报机制对成员创新行为有重要的驱动作用。格洛尔（Gloor, 2008）等学者认为个体成员会在团队中定义个人经验值，形成显性或隐性的团队成员排名。赫尔本、维杰特（Gerben and Veget, 2003）采用回归分析方法指出，将团队归属感作为中介变量，在低水平任务、高目标依赖和高水平任务、低目标依赖两种情况下，信息的差异与组织公民行为呈负相关；而在高水平任务、高目标依赖和低水平任务、低目标依赖两种情况下，信息的差异与团队组织公民行为不相关。郑（Cheng, 2008）等学者认为个体差异变量之间互相兼容，团队内功能性和同一性的整合有助于知识系统的独一性，促进团队创新。曼宁（Manning, 2008）建立了有影响力的行为、个体特征、团队角色和角色导向关系模型，通过实证分析指出，根据团队内角色的不同个性及其产生的影响力，不同角色将被赋予不同类型的权力。克拉策（Kratzer）等学者（2004）认为高校科研团队中交流可以通过分析讨论、评价新想法、新问题从而改善信息分布的有效行为过程。米尔洛（Mierlo）等学者（2007）则进一步以个体需求、个体自主性为中介指标进行多维分析，认为在高度自主性的团队中，成员会产生更为主动的学习行为，情感困扰相对较少。弗洛伦斯（Florence, 2004）运用分等级回归分析，研究了组织和个体层面的合作行为，认为有显著组织归属感的个体在团队内部或团队之间比缺乏组织归属感的个体具有更强合作性；同时，具有较长任期的成员具有更强的合作意识，组织之间和组织内部的个体合作行为也有助于组织的同一性。

周洪利（2007）根据团队成员在科技创新团队中的角色定位和各自特点，将其分为四种角色类型：带头人、主力军、协调员和勤务员。蒋鸿雁（2008）认为团队成员存在对抗、礼貌服从和隐形反对三种行为模式。魏爱琴（2005）指出在文化环境认知基础上逐步沉淀下来的特定价值观念、风俗和习惯影响着个体的行为规范，从而产生团队不同的行为水准和价值心理。惠赞等学者（2008）认为团队成员的责任意识和工作热情是影响团队绩效的关键，分析了科研人员独立价值观、自主意识、归属感、强流动性和学术求"异"态度五种行为，建立了基于物质报酬、交流学习机会、资源控制、实现自我和声誉获得的激励因素模型。柯丽菲等学者（2008）通过实证分析指出团队组织的公民行为对团队工作绩效具有积极作用，而团队任务反馈和内在满意的工作任务对团队组织公民行为则具有显著的正向影响。孟建平等学者（2008）按照科研团队成员的性别、年龄和职称，提出了各自不同的 10 类需求因素排名，包括经济收入、团队科研目标、团队远景目标、研究氛围、个人发展空间、所在城市整体环境、团队知名度、单位知名度、家庭因素和单位领导支持等。文芮（2008）认为团队成员的工作满意度、投入率、职位流动率、组织承诺等个体行为会对集体效能感产生影响。朱学红等学者（2007）则结合科技创新团队成员的特质和心理差异性，分析了心理契约的违背过程，构建了心理契约的重建模式。

（7）科研创新团队成员关系研究。

团队成员之间的关系影响着团队建设的好坏。主要包括团队活动、团队氛围、成员间的信任与合作、成员间的矛盾与冲突等。奥特森（Ottosson，2003）着眼于团队成员参与的原则，分析了影响团队成员参与创新积极性的因素，要求参与人员同时扮演研究者、企业家、项目负责人或团队成员的角色，构建了能够把工业工作和大学资源结合以便发挥科研成果效益的模型。多尔蒂（Dougherty）等学者（2004）研究了科技创新团队活动的范围对团队创新的影响，详细阐述了团体行为与分遣相比是如何加强团队创新的，认为维持紧密的社会关系对持续创新十分必要。斯特凡诺（Stefano）等学者（2010）认为在保障信息技术基础设施的前提下，团队自主性和实验性的氛围可以提高团队整合知识的能力。团队氛围对信息技术知识整合能力有重要作用，这反过来又影响团队结果。利奥（Leo）等学者（2015）探讨了如何通过角色模糊的感知、角色冲突、团队冲突和凝聚力来预测体育团队的集体效力，指出在人际间和团队间，团队冲突和凝聚力的感知可以预测集体效力的变化，而角色模糊和角色冲突的个体知觉与建立团队信心无关。伊丽莎白（Elizabeth，2005）认为在多学科团队中，团队文化的建立有利于融合不同的观点并形成新的视角。罗宾斯（Robbins，2003）把成员冲突过程分为潜在的对立或失调、认知和人格化、行为意向、行为、结果五个阶段，认为冲突源主要是沟通变量、结构变量和个人变量；而冲突水平与部门绩效呈曲线关系；竞争、协作、回避、迁就和折衷五种行为意向能够有效处理冲突。

信任是成员积极互动、为团队创造高绩效的集中表现。海因茨（Heinz，2006）认为在大型科研项目团队中，相互信任的交流极其重要。克罗斯和帕克（Cross and Parker，2004）指出多学科科研团队中不同的动机会改变成员当前的行为模式，合作后科研团队的成果取决于基于能力的信任和人性的信任程度。菲尔德（Field，2009）认为缺乏信任、内聚力和清晰目标的团队绩效会明显不足。

目前，国内学者普遍从信任合作、知识共享、矛盾冲突等方面对科研团队成员间的关系进行研究。王怡然和张楠楠（2010）从高校创新团队的动力机制入手探究团队互动及其发展阶段，指出高校创新团队是处于一定情境中的多人互动系统。林莉（2009）通过对创新行为进行系统动力学模型的情境模拟，提出创造一个交流平台可以增加成员间的沟通，从而促进科研创新团队的建设。鞠铭（2009）在了解青年科技人才的创新心理和行为特点、领导风格和组织氛围对其创新行为作用机理的基础上提出基于组织环境特征的应用型科研院所组织氛围和组织文化的优化方案。陈士俊等学者（2006）认为信任行为在科研团队中能促进知识共享、提高激励水平、增进成员间的沟通与合作，并指出信任在科研团队发展中的动态模型包括声誉型信任、了解型信任和认同型信任。张楠楠等学者（2009）提出在不同的发展阶段，高校创新团队的信任模式有显著差异，团队试探性阶段表现为声誉型信任，磨合性阶段表现为了解型信任，规范性阶段表现为认同型信任。万锋锋（2009）提出成员利益关系、个体差异、环境因素和过大的团队规模会引发团队冲突，通过强化沟通机制、优化团队结构、建设创新文化可以将冲突尽量控制在有效范围内。白永利（2014）提出科研团队潜规则、心理安全感知和团队成员建言行为的影响概念模型，指出科研团队潜规则中内部管理潜规则和成果转化潜规则对团队成员的心理安全感知和建言行为均有显著负向影响。张捷和杨恒哲（2014）构建了适合我国高校科研团队凝聚力研究的分析框架，指出高校科研团队凝聚力水平对团队绩效有正向影响，从人文类、结构类、维持类和外部因素等方面提出影响凝聚力的9个主要因素：团队共同目标、团队文化、团队学术名誉、团队资源、业余人际交往、学术带头人、团队领导者、激励制度、高校扶持与审核情况，以及8个次要影响因素：科研沟通氛围、团队依赖感、成员流动性、团队硬件条件、团队成员的多样性、考核监督制度、管理制度、同类科研团队竞争压力，并据此从个体、团队和高校三个不同层面提出提升团队凝聚力的途径。

1.2　高校协同创新绩效评价研究

1.2.1　科研创新绩效评价研究

各个国家的学者、科研管理部门、学术机构等专门对科研机构的绩效评价进行了研究和实践。摩根（Morgan）团队（2006）从任务特质、环境因素、组织结构和个体差异四个方面评价组织对任务的关注度及交互过程的有效性。格里利兹、尼尔森（Griliches and Nelson，2006）则提出分别从投入产出和基础研究对经济发展的影响等领域对公共科研机构的绩效进行评价。

国外关于公共科研机构绩效评价方法的已有大量的实践，现在使用较多的评价方法有层次分析法、专家评分法、经济评价法、模糊数学法和运筹学评价法等。而同行评议是目前国际上较为通行的评价方法。在美国，对全国卫生研究所、国防部、能源部、农业部等所属的基础研究和应用开发机构的绩效评价都采用这一方法，英、法、德、加拿大等国情况也基本相同。

美国早开展科研绩效评价。20世纪初，美国国会成立国会咨询服务部（CRS），对委员会及议员提出的科技问题进行研究、分析和评估，这成为科研评价的雏形。之后，美国国家科学基金会（NSF）选用6~8个一级指标（统计指标）对美国科研机构进行评价，并将经费获取及科研成果作为核心指标。英国将科研机构的投入与产出指标化，在绩效评价中以定量（定性）指标为主。俄罗斯的科教中心是在大学和研究机构下建立，通过评估科研中心吸引的预算外资金数目和来源构成，证明科研中心的可行性、成功程度和持续发展的潜力，从而塑造高效和充满活力的研究团队。2001 年，日本内阁总理大臣批准了《关于国家研发评价的大纲性指南》，要求研发计划立案和资源分配的负责部门根据原则公布评价结果的同时，适当以国民易懂和易用的方式公示评价的有关内容，并根据需要将国民的意见反映在评价中，以确保评价的公正和透明、便于社会和产业界的广泛监督。

2003 年，联合国西亚经济与社会委员会发布了知识经济社会技术进步与发明创造（STI）评价指标体系，首次将 ICT 指标纳入科研机构绩效评价体系，包括科学研究、技术进步与发明创造能力指标，研究与开发人力资源指标，发明创造经济指标，信息、通讯与技术指标（ICT）和综合评价指标。

1.2.2　协同创新绩效评价指标研究

杰克·D·奥斯本与琳达·默兰（2004）指出可以利用团队成员评价调整团队活动，并将"积极和消极体验相结合的自我记录""对行为与技能的自我评定""简单的活动记录"等纳入评价活动中，通过将定性的描述转化为具体的、可行的评价指标，对团队成员行为和活动进行评价，强调评价结果的交流，认为"评价资料是团队力量的源泉，应定期在团队内进行交流"。澳大利亚主要采用问卷调查使用"KTEQ"工具对团队成员的工作绩效进行考核评价，量化（取值 0 ~ 4）信任、合作、目标明确性、可获取的信息、激励、集体自由讨论、对人的尊重，处理冲突、团队学习、自主性、项目领导、价值取向的一致性、创新性环境、装备及设施、适当的压力、市场、专业技术等 17 项指标，并根据重要性从大到小排列。我国学者在协同创新绩效考核方面，张海燕（2006）构建了高校科技创新团队螺旋式成长模型，提出"分阶段、分层次、分类别"的团队评价思想，认为团队成长主要体现在团队合作潜力、团队创新潜力、科研方向潜力及团队总体相对进步率几个维度上。陆萍和卜琳华（2010）通过对高校创新团队的市场能力、科技创新能力、团队管理能力进行研究，系统地构建了创新团队的协同力指标评价体系。刘永茂（2009）设计了一个基于提高团队绩效的实时绩效管理模型，指出在迅速变化的市场环境下通过实时绩效管理能够有效提高组织战略执行能力和打造高绩效人才队伍。赵立丛（2009）基于科研人员绩效考核的复杂性，确立了横向上个体和团队相结合、纵向上自上而下传统式和自下而上反馈型相结合的横纵双向考核机制。苏俊宏等学者（2009）在分析总结现有高校科研工作考核及绩效评价体系的基础上，建立了由目标任务、完成质量和工作状态三项构成的地方高校科研工作考核及绩效评价体系。戚湧等学者（2011）在构建创新团队评价指标体系的基础上，将曼奎斯特（Malmquist）指数应用于创新团队合作研发绩效的评价。贺梅英和戴雪飞（2010）则指出构建公正合理的科研成果评价体系要根据学科性质的不同实行弹性考核周期，在科研评价标准中弱化数量指标，加强对科研成果质量及应用绩效的考察。

如何创新评价方式使人才得以成长晋升、各展其能、科研创新干劲更好激发，如何使人才评价中官本位倾向、人才评价标准单一等顽疾得到根本性扭转，成为学者们普遍关注的问题。中科院科技政策与管理科学研究所研究员李晓轩认为人才评价不能简单根据论文、奖励等指标，而应突出能力、实绩和贡献；中国人事科学研究院研究员孙锐指出要根据人才的差异性构建分类分级的管理体系，提高人才评价的针对性和有效性。

张相林（2006，2010）认为，高校教师考评方法会对团队成员考评有重要影响，指出我国高校教师考评行政权力导向明显、学术导向淡化，考评方法"一刀切"而忽视学科和教师之间的差异性，片面强调学术成果而忽视教学质量，重视论文数量而忽视质量，导致教师学术水平下降，考评评价体系不尽科学等问题。① 并进一步在总结国内外已有研究成果以及专业访谈的基础上，构建和实施了以岗位职责要求为基础、以学术和创新绩效为主导的人才评价机制，开发了包括科学精神和创新绩效两项指标、共15个评价维度的科技人才创新行为评价量表，其中科学精神表现为：兴趣、主动、勇气、严谨、专注、追求真理和团队合作等；创新绩效表现为：提出新方法或新理论、工作计划性、发展他人、学术交流能力等。萧鸣政和张相林（2012）在系统分析高层次科技创新人才评价机制基础上，提出建立高层次科技创新人才评价机制的思路与对策建议：

---

① 张相林、向勇：《我国高校教师年度业绩量化考评现状、问题及建议》，载《中国人力资源开发》2006年第1期，第83~86页。

进行学科分类和高层次科技创新人才的特征研究，基于人才分类、创新投入—产出效率等维度建构科学的人才评价指标体系，弱化政府主导作用引进社会中介力量参与评价，同时完善评价流程和程序。王明杰和张锦（2012）在学习借鉴美英日三国研究生创新人才考评评估制度的基础上，结合人力资源管理中常用的绩效考核工具，指出用 KPI 和 360 度考评方法对国内研究生创新人才进行考核。时玉宝（2014）以博士后群体为例，从投入、培养、提升和产出 4 个方面分析了创新型人才人力资本的特征，构建了包括主观创新意向力、科技创新能力、思维观察能力、身心自束能力、知识配置能力、基础心智、其他特征在内的 7 个方面能力的创新型科技人才评价指标体系和包括投入、培养、提升和产出的创新型人才分析架构。黄文盛等学者（2014）提出科技创新人才综合绩效考核方法，指出在借鉴常用绩效考核方法的基础上，着重从科技创新人才的科研组织能力、科技投入产出、科研水平、学术交流、人才培养、知名度 6 个方面考虑构建考核体系，确定指标权重和考核程序与标准，实现对科技创新人才绩效的综合考评。郭宁生和刘春龙（2014）则针对目前高校科研管理人员素质评测中片面重视科研素质或管理素质的问题，在分析科研管理人才需求的基础上，提出了用于高校科研管理人员素质评测的层次分析模型。江卫东（2005）则认为团队成员的绩效管理应以行为为导向，个体之间的合作行为则成为衡量量表之一。孙瑞华等学者（2000）利用 Delphi 法，建立了一套以科研基础和科研成绩为主要考察方面，由 12 项指标构成的二级结构医师科研绩效评估指标体系。

1.2.3　高校协同创新绩效影响因素研究

历来团队建设过程中都非常重视绩效问题。孙孝科（2011）指出高校高绩效科研团队是指卓越领导者集体统领下的，由高校相关科研人员组成的，从事科研工作，具有高校性、强稳定性、高绩效性、管理规范与高效性等显著特征的科研共同体。

团队绩效的高低又受到多方面因素的影响。王怡然（2007）指出"信任"影响高校创新团队的绩效，而关键行为整合在机制中起到完全中介的作用。周霏（2009）构建了以团队支持感、科研自我效能感为自变量，工作满意度、科研压力感、合作与协同为中介变量，团队创新绩效为因变量的理论模型，指出不同特征的团队成员以及不同类型、不同规模的团队之间存在显著差异。张楠楠等学者（2010）指出团队成员通过知识共享、团队凝聚以及风险承担等互动过程进行交流与合作，打造良好的团队质量，推动团队互动级别不断向前发展，进而保证团队绩效的大幅提升。李霞（2012）从高校创新型科研团队的组织环境、结构和组织网络三大方面 16 个因素对高校创新型科研团队绩效的影响进行研究，指出团队资源、目标、支持，团队成员的创新能力、团队领导的能力，团队稳固性，团队咨询、情感、信任以及合作网络的密度对团队绩效均具有正向影响。冯海燕（2015）指出基于 PDCA 循环理论的高校创新绩效考核管理体系对高校团队的创新能力提升有显著作用，并提出高校创新能力提升的四点措施：创新课题选择、进行人才培养、注重团队建设和环境建设。

斯沃夫（S. W. F）等学者（1998）对欧洲的 14 个创新团队进行研究发现，高绩效的协同创新最重要的是在于整合目标、经常交流和拥有灵活性，具体应包括 4 个特征：（1）简洁地陈述和执行想象力；（2）努力工作以实现动力；（3）具有柔性和灵活性的组织结构；（4）形成内部和外部沟通与交流的网络。绩效影响因素同样是外国学者研究团队的主要视角。赛尔（Syer，1997）认为团队的核心是成员为其共同的绩效而分享的约定。阿尔奇安、德姆塞茨（Alchian and Demsetz，1972）提出团队生产的概念，认为团队生产通过成员间的合作获取收益，但很难确定成员在产出中所作出的贡献，单个人效率的简单相加不能用于衡量企业效率。赫格尔、普洛塞尔皮奥（2004）分析了创新团队成员间的亲密程度对其效率的影响。弗雷德里克（Fredrik）等学者（2015）通过对挪威建筑设计参与者经验进行研究，得出了三个最重要的影响建筑设计团队绩效的因素：所有项目领导者的良好合作、对团队成员一视同仁、团队成员间的相互信任。

1.3　高校协同创新的管理研究

高校科研团队协同创新的高效运行需要良好的管理机制，目前高校科研创新团队运行管理的研究成果主要体现在成员管理、考核、激励和外部支持、经费管理、成果转化等方面。

1.3.1　科研创新团队成员管理研究

团队成员作为独立个体，对团队的塑造起着至关重要的作用，需要对成员进行有效管理。2001 年，韩国科技部为了促进高级科技人才的利用并综合而系统地建立国家人才管理体制，建立了国家科技人才综合数据库。截至 2010 年，该数据库收录了包括韩国学术振兴财团、韩国科学财团等 25 个科研机构的研究人员、专业人才和大学教授共 30 万名。

（1）成员选拔。

在团队成员选拔方面，许书剑（Shu – Chien Hsu）等学者（2015）指出，工作团队在员工和社会环境之间是一个相互依赖的复杂系统，并表现出令人惊讶的非线性行为，团队功能的多样性、员工间的相互依赖和不同经济背景下的经济互动是影响团队成员选择和团队绩效的三个关键因素，指出团队成员选择应该从以能力为基础的选择转变为以相互依赖为基础的选择。毕路拯等学者（2004）介绍了基于脑信息特征的人才选拔决策模型，指出首先通过脑信息处理宏观检测方法得到目标人员表征脑信息特征的数据即该职位或岗位人员所需要的基本信息，然后根据这些数据利用基于统计学习理论的支持向量机的方法建立基于脑信息特征的人才决策模型。房国忠和王晓钧（2007）从人格特征、学习素质、思维特征、社会能力等四个方面分析了创新型人才的基本素质结构，提出利用 16PF 等测量工具将具有创新人格的潜人才鉴别出来并加以培养，使之成为创新型人才。王峥和王永梅（2012）在分析评价中心各种测评技术特点的基础上，尝试将评价中心技术应用于科研项目负责人的选拔，提出分类构建高层次创新型科技人才胜任特征模型，将评价中心技术与传统人才选拔方法有效结合，以此建立与新型人才选拔方法相配套的人才考核标准。

（2）成员开发与培养。

许多学者认为，高校科技创新团队的首要任务是人才培养，其次才是科研成果，而两者的紧密结合会更优。高校科技创新团队的职责与公共科研机构有许多相似之处，是小型公共科研机构。20 世纪 90 年代初，韩国开始实行人才国际化战略，积极与国外学术机构签订交流与合作协议，以此培养国际型人才，韩国科学财团作为韩国科技部下属的学术援助机构，在科技方面积极与国外科研机构进行学术交流与合作，如在

1990 年 11 月与加拿大自然科学与工程研究理事会（NSERC）签订合作备忘录，截至 2002 年，完成共同研究课题 22 个，共同举办 13 次学术研讨会，交流的科学家达 99 名；1995 年 7 月，与美国国家科学基金会（NSF）签订关于韩美特别合作项目的交换合作备忘录，实施了美国科学家到韩进修、互换骨干科学家等合作计划。1986 年，印度颁布新的教育方针，强调实施从 1 年级到 10 年级把科学和数学作为所有学生必修课的政策。

北京航空航天大学能源与动力工程学院院长丁水汀认为科研是多学科交叉的、要求系统的原始创新，因此人才的培养也应助力于各科研单位的协同创新机制，围绕重大问题聚拢相关学科人才，从而促进人才间的共享与合作，推动跨学科、多部门人才的协同创新。

宋国力（1999）在青年创新人才 6 大特征及其 4 大发挥潜能领域的基础上，提出培养青年创新人才的 5 点建议：制定良好政策推动青年创新人才的成长、抓好青年领袖队伍建设、对青年创新人才进行有计划的交流培训、建立青年创新人才库、为青年创新人才继续学习深造创造必要条件。张相林（2009）经过调查和访谈发现，北京市科技人才政策环境、人才评价与激励、人才培养及创新支持等方面存在很多问题和不足，并基于此提出北京市科技创新人才开发策略：充分了解各类科技人才分布及其创新需求，针对创新型城市建设目标任务分析，建立科技人才"资源池"，制定切实有效措施努力营造良好的人才环境与创新环境，以此提高科技人才的创新绩效和创新热情。孙锐和顾琴轩（2009）从探讨技术创新者的工作过程特征入手提出了创新人才的知识与能力构成模型，从"属性能力"和"绩效能力"两者出发将创新人才能力划分为个体元能力、任务投入能力、任务产出能力，并指出基于问题解决的能力培养实质是以目标为导向的问题空间搜寻和认知训练过程，提出能力发展途径也即三层次学习模型。王殿军（2011）指出拔尖创新人才培养的关键是创新培养模式，同时需要处理好几个重要关系：拔尖创新人才培养与教育公平的关系，进入"拔尖创新人才培养工程"的学生与普通学生之间的关系，大学和中学的关系。王海峰等学者（2014）以培养青年科技创新人才为目标，通过分析总结青年科技创新人才的成长过程和环境以及成长的影响因素，就如何促进青年科技创新人才的培养提出了对策建议。

1.3.2　协同创新团队管理研究

（1）科研团队管理研究。

随着信息网络的逐渐发展，新型的科研团队开始形成，这对科研团队的管理提出了新的要求和挑战。虚拟团队作为一种以信息技术为基础的团队，在信息时代背景下，在保证不影响团队目标实现的基础上，可以使创新团队的组建形式更加灵活和便利。利连（Lilian，2014）研究了"虚拟团队"这种新型团队，虚拟团队在地理层面和组织层面是功能时空分散的团队，这种分散使虚拟团队的物理联系缺乏，意味着团队合作主要通过信息技术解决。克里斯多夫、斯蒂芬（Christopherand Stephen，2007）运用交互过程分析，建立了不同类型会议的交互过程模型，包括基于任务型小组，多定位设计团队、虚拟设计团队、基于社会情感型小组，并通过交互度指数来衡量这些不同团队的差别。

赵时亮、陈通（2005）阐述了虚拟科研团队的产生、构成、类型和特征及其与传统科研团队的区别，指出为了解决虚拟科研团队的管理问题，需要明确团队战略任务、打破文化壁垒建立新颖团队成员关系、建立成员间的信任以及有效激励与约束机制、加强技术保障保证交流平台畅通。罗永泰等学者（2005）系统地研究了高新技术企业虚拟型学习团队的构建与成长，认为"人性和功能的释放"是组织的变革动力，"虚拟""学习""团队"分别为其核心要素，提出虚拟型学习团队组织的"孔雀模式""雪花模式"和"多面体模式"。刘慧敏等学者（2007）结合我国高校虚拟科研团队的特点，分析了虚拟科研团队中不同类型的信任和冲突及其对知识共享的影响，探讨了认知冲突和情感冲突这两类冲突与团队内知识共享的关系，提出了高校虚拟科研团队在形成期、磨合期和高效期三个不同阶段对两类冲突的不同管理建议。陈喜乐等学者（2012）指出信息网络促使科研活动方式、科研组织机构以及科研人员与团队的关系等方面产生巨大变革，从而形成新型科研团队，团队中民主自由的氛围削弱科研合作的马太效应，改变传统科研活动方式；扁平的沟通网络促进团队对内外变化作出及时反应、改变传统科研团队组织结构；心理授权有效协调团队及其成员的二维关系，提升团队创造力和资源优化配置率、改变传统科研关系。

张艳、彭颖红（2006）指出科研团队管理要致力于创造智力整合、知识共享的氛围，鼓励思想观念和知识的交流，提升团队领导人格魅力、尊重人才、在科研基地基础上组建高水平、高绩效的科研创新团队。韩冰、韩雪（2013）则进一步指出优秀的青年科研创新团队应当采取以"长期合作""人员稳定""方向清晰""学科互补""沟通充分""加强传承"为特点的团队管理模式。杜洋（2009）归纳出高校科研创新团队建设的关键要素，即：科研环境、人才聚集、学术带头人、内部凝聚力和激励机制，提出从制度、合作和文化三个不同层面实现对高校科研团队的有效管理。

时代的快速发展使得知识体系不断更新和互相渗透，学者们开始逐渐使用崭新的视角和理论对团队建设展开研究。卜琳华、何明升（2009）建立了高校科研创新团队知识创新过程管理的大系统理论模型，强调从影响环境、各个侧面因素、团队与各种联系的关系等方面更加全面和科学地认识和把握科研创新团队知识创新的过程。张滨楠（2013）则运用结构方程分析了研究型大学科研创新团队知识存续的影响因素以及知识存续对团队科研创新的影响，提出研究型大学科研创新团队知识存续的实现路径、支持机制和知识存续模型以及基于团队生命周期的知识存续动态管理方式。

（2）科研团队选拔研究。

科研创新团队的确认需要一系列条件选拔机制。王磊（2008）在研究"创新研究群体科学基金资助"计划后指出，被资助的创新研究群体应满足的条件主要有：形成研究群体的个体在研究方向上相对统一或集中；有长期的相互合作；学术带头人具有较高学术造诣，同时也要有较强的组织协调能力，起凝聚作用；研究群体的科研骨干（3~5位）应具有合理的年龄结构和专业配置，一般应获博士学位或具有副高级以上的专业技术职务，富有探索精神和创新能力，具备团结协作意识；该群体在本研究领域已取得较为突出的成绩或在本领域的基础研究或前沿科研中具有公认的创新潜力，学术水平在国内有一定优势；学术带头人和研究骨干主要的精力用于从事本项基金资助的研究工作。薛娇（2007）对"长江学者和创新团队发展计划"进行研究后指出，被选拔出来的创新团队应当具备4项属性：第一，团队要有相对稳定的研究方向和明确的技术路线，并与经济增长、社会进步和国家安全等重要战略意义结合；第二，团队依托于各类承担国家重大科技任务的科研平台，具有良好的工作氛围和环境条件；第三，团队必须具有优秀的学科带头人和不同研究方向的研究人员，团队带头人有高深的学术造诣和创新性学术思想，以及良好的组织协调能力和合作精神；第四，团队成员的研究方向和年龄构成合理，总的研究方向相对集中的同时保持成员个体学术方向的多元化。

（3）管理模式创新研究。

金（Keen，2004）深刻剖析了高效团队管理中的盲点，破除了大多数人对团队管理的疑惑，从处理团队事务、匹配团队成员和评估团队效率等方面提供了有效解决方案。摩尔（Moore，1978）对一个为期三年的，由政府、大学和企业合作研究的安大略远程监控项目进行案例分析，指出跨学科研究为团队管理带来新挑战，尤其是在学科结构加强学科奖励和权力地位系统的大学环境中，随着计算机支持下的合作问题越来越多，跨学科研究的管理成为人机交互社区日益重要的问题。德伍夫（Dewulf）等学者（2007）对大型自适应水资源管理研究项目进行了案例研究，概述了一个跨学科研究的框架。基于访谈、同行评议和自己的观察研究，分析了大规模研究项目中框架多样性的三个方面：第一，区分项目成员形成自适应水资源管理中心概念方式的维度；第二，分析由概念的多元框架引发的挑战；第三，分析一系列干预如何影响贯穿学习共享和知识建设过程的不同框架的联系和整合。

（4）科研经费管理研究。

经费是团队维持正常科研活动和团队运行的基本物质保障，但学者们普遍意识到科研经费的使用效益不高等问题。2003年，日本综合科学技术会议向政府提出建立竞争性科研经费制度，要求根据国家基础研究和应用技术研究需要公开募集方案、评估选定课题，以此减少重复研究，使得科研活动得以突破机构甚至学科的界限，为优秀的科研人员和重要的科研项目提供了极大支持，提高了科研资金使用效率。文部科学省下属的日本学术振兴机构根据《关于合理执行补助金等相关预算的法律》《日本学术振兴会法》以及《日本学术振兴会会计章程》，每年修订和发布面向研究人员和研究机构的《科研经费手册》，并对科研经费的管理和使用作出详细规定。饭田益雄（1998）指出"科学研究费补助金不仅成为日本学术研究基础的中坚，而且是面向全部研究人员开放的基础性研究唯一的也是最大的经济来源。"从面向研究领域来看，"科研费"面向所有领域，是日本学术研究的基干部分；从面向机构来看，"科研费"针对所有具有法人资格研究机构的研究人员或研究团队；从"科研费"的性质来看，"科研费"主要资助"一般目的——竞争型"的基础研究，重视研究者自由，主要用于支持研究人员的独创性、先导性研究、纯粹学术研究、基础研究向应用研究转化部分的研究，以及"特定目的——竞争型"的应用性、特定研究等。

博德里、阿拉奥（Beaudry and Allaoui，2012）在衡量公共拨款、私人契约与合作对加拿大纳米技术项目的影响后指出，公共资金对科研产出的影响呈 J 型、专利影响呈倒 U 型，公共资金在过去的合作网络中占中心位置且对科研产出有积极影响。陈（Chen）等学者（2015）则利用波士顿矩阵建立科研经费分析模型，根据中科院的科研管理现状重新定义了矩阵的坐标和象限。

付林和李冬叶（2012）指出必须建立有效的监督管理机制，并将各项制度严格落实，以此提高科研经费的使用效益。宋永杰（2009）也同样强调监督经费的作用，他将科研经费全过程分为筹集、分配、支出和结算，指出针对不同过程的特点、要求和重点，采取有针对性的监管措施并辅之以相应的奖惩措施进行经费管理。赵强强（2009）等学者建立了地域高校科研经费使用效率的监测指标体系，基于投入产出角度构建了全国 31 个省、自治区和直辖市近五年科研经费使用效率评价的 CCR 模型，指出我国东中西部共 18 个省市科研经费使用存在投入过剩或产出不足的问题。李燕萍（2009）运用扎根理论明晰了有效使用科研经费的特征，从环境、科研工作者、科研经费投入与产出等方面构建了影响科研经费有效使用的四因素立体模型，提出以科研经费制度、科研经费管理、科研成果评价、科研工作者学术责任为核心的科研经费有效使用管理模式。卿文洁（2011）指出由于体制、观念以及管理等方面的原因，高校科研经费管理存在着诸多问题，应完善高校科研经费管理体制，转变高校科研经费管理理念，加强科研固定资产、无形资产和项目结余经费的管理，以此提高高校科研经费管理水平和资金使用效益。席西民等学者（2014）分析了我国高校科研经费配置体系现状，提出优化顶层设计减少资源重复配置，增加保障性科研经费投入营造宽松科研氛围，加大基础研究经费投入促进基础研究发展，完善科研评估管理体系加强科研经费的使用和监管等对策建议。付晔和杨军（2014）指出目前高校科研经费使用问题迭出的深层原因是没有按照科研活动的需求分配和使用科研经费，忽视了科研活动中对"人"的激励和科研活动的"不确定性"，提出从源头对高校科研经费的使用进行治理：改革科研经费分配体制、提高科研人员经费的使用自主权，建立科研人员诚信档案加大其违法违规使用科研经费的成本。

1.4 高校协同创新激励机制研究

1.4.1 内部激励

21 世纪初，美国薪酬协会（WAW）在总结多位薪酬领域专家研究成果的基础上，提出包括保障性、成长性、认可性三方面激励的"总报酬"模型。阿恩（My Anh，2013）在分析各级管理现状与各个大学教师特点的基础上，提出建设包括机会激励、参加活动的物质激励与精神激励的激励机制；德兰（Tran，2013）提出在重视物质激励的同时，更要注重精神激励。德克（Duc，2014）等从西方激励理论和实践入手，通过研究和借鉴，试图寻找对越南从教和从研人员进行激励的典型方法：建立友善的工作环境，发挥他们的工作热情，使之对工作环境感到亲密无间和相依相靠，最后使之尽最大努力为团队作出贡献。

张相林、向勇（2011）对青年创新人才的科学精神进行了界定和研究，采用实证研究方法对我国青年科技人才科学精神的现状进行了调查和分析，指出科学精神在创新任务设计、创新投入、创新环境、创新组织气氛等外部影响因素和创新行为之间起中介作用，是制约青年科技人才创新行为的重要因素，并提出建立适应中国国情的创新人才激励机制和开发策略，进一步基于青年科技人才的基本特征，指出激励青年科技人才的创新行为，除了重视科技创新投入改善创新环境外，更要重视培养和提升其创新兴趣、创新主动性、学术严谨性等科学精神或素养，而青年科技创新人才的管理与开发应充分考虑学科、地区分布、组织类型、人才类型、创新阶段等要素。黄多能（2014）通过对比分析部分发达国家近年来采取的人才激励政策，提出在对高层次创新型人才开发激励的目标进行明确定位的基础上，建立以业绩取向分配、多层次精神激励、构建多元化培养使用等激励机制，从物质分配、精神激励、晋升通道、经费投入、产权保护、创业扶持、服务管理、海外人才引进措施、创新文化建设等方面创新人才创业扶持、公共服务、科研环境等政策，并从完善公平评价、优化流动配置、形成合力推进、建立法制保障和目标考核机制等方面进一步指出激励政策的制定落实需要机制保障。

团队激励机制方面。陈刚等学者（2002）指出现有成果激励机制和评价体系过多侧重于技术价值而忽略市场价值，造成科技成果转化的激励失效，指出利用制度设计引导科研者在"直接控制项目"和"市场导向项目"间进行自我选择，从而提高效率的同时降低管理成本、加快科技成果转化。袁桅（2015）指出对高校科研创新团队应实行分层次、分类别激励，准确把握激励的量和度。谢耀霆（2015）则从协同创新的本质内涵和组织模式出发，审视了我国高校科研团队的发展现状和存在问题，提出建立"协同"的科研组织模式与激励机制。

湖北省委组织部副部长、省人社厅厅长、省委人才办主任翟天山提出在对人才进行有效激励时，要树立正确的激励导向，从单一激励向多元激励转变，除资产激励之外增加成就、声誉、保障等激励方式，激发人才内驱力，使人才不仅获得物质回报，更从中获得价值实现和社会认同。

1.4.2　外部激励

外部的激励与支持主要依靠各科研机构打造良好的科研环境，阿萨格拉卡罗（Azagra‒Caro，2003、2006）通过研究大学学术活动发现，专利活动总是与声望较高的学术群体或实验室相联系。可见，外部环境的打造对于国外的研究活动也同样重要。

对高校协同创新的外部支持一般表现为相关教育部门或依托团队单位为其科研条件和环境给予充分支撑和支持。中国科协最近组织的一次调查显示，科研人员对我国目前科学文化氛围的状况评价不高，70.5%的人认为我国科研诚信和创新文化建设薄弱，不足1/4（24.3%）的人认为有"宽容失败的氛围"。

随着我国简政放权的春风，取消人事关系及档案保管费、查阅费等费用，下放科技成果使用权、处置权、收益权，下放职称评审权、用人自主权等措施逐步释放了人才和科研单位的活力。2010年，我国发布《国家中长期人才发展规划纲要（2010－2020年）》，指出取消科研院所、学校、医院等事业单位实际存在的行政级别和行政化管理模式，克服人才管理中存在的行政化、"官本位"倾向。中国人才研究会常务副会长吴江认为，政府应下放权限、明确导向，还学术机构自由生态，使行政权力和专业领域各归其位，同时指出要加强对下放事项运行的监管，在有事后监管的前提下进行事前审批的取消；中科院院士、清华大学副校长薛其坤呼吁国家要下决心实施好人才规划、落实好人才政策；中国科学技术发展战略研究院副院长郭铁成建议实现从特殊政策为主向普惠政策为主的转变，从而营造崇尚、热爱、献身科学的学术氛围；湖北工业大学教授汤亚杰认为营造宽容失败的良好氛围对于科技创新工作至关重要，对那些承担着探索性强、风险性高的科研项目的科学家，要切实从体制和机制上给予帮助和支持。①

黄萍莉等学者（1999）分析了包括协同信息交流、协同信息检索、协同内容创作在内的面向科研的嵌入式服务协同信息行为，搭建了包括资源层、基础技术层、协同技术层、应用服务层与用户层在内的面向科研的嵌入式服务协同架构体系，从而提供科研所需的科技查新、定题跟踪、科学数据、专利信息试问等服务，为科研用户的科研活动和科研过程提供支撑与保障。宋克勤（2006）指出，打造良好的科研环境，需要制定科技发展和科技人才培养的长远计划，大量投入科技教育、培训和基础研究，确立以市场需求为出发点的产、学、研密切合作的研发体制，对研发项目给予资金和税收优惠等方面的支持，以科研条件、生活待遇、人文自然环境等条件吸引国外优秀科技人才，以科技园区、孵化器、风险投资等为基础支持科技人员将科技成果商品化或创办高科技企业，在社会上提供工作职位、项目申请、经费支持等方面的平等竞争机会；同时在团队内部形成公平、公正的科技创新人才选拔、使用、晋升和利益分配机制，提供没有后顾之忧的生活环境、个人贡献不会被忽略并得到合理回报的工作环境、没有过分心理和工作压力以及太多因素干扰的科研环境。唐景莉、黄文拔（2004）在对教育部2004到2006年期间计划资助的183个创新团队进行分析后指出，147个团队是以国家重点实验室及中心这类的科研平台和基地为依托，占团队总数的80%，其中依托国家级平台基地建设的团队有67个，占团队总数的37%。可见，科研平台的打造对团队建设至关重要。

---

① 张璇. 优化源头让创新人才竞相涌现. 中国人事科学研究网. ［EB/OL］. http://www. rky. org. cn/c/cn/news/2015. 12/08/news_ 15160. html. 2015. 12. 08

1.5　高校协同创新科研成果转化研究

1.5.1　理论方面

约瑟夫（Joseph，2004）等五位学者从实证的角度研究了科研团队中成员所具有的同质性和异质性对科研成果产出的不同作用，指出通过变换实验条件，如工作时间表、任务概念等，科研团队中成员不同的研究背景、研究范式及个性经历等会对不同的任务具有不同的影响。西班牙的罗恰（Rocha，2002）等学者以一个西班牙高校地质学团队为案例，分析了稳固的团队与非稳固的团队对科学家个人科研成果的影响，指出稳固团队的研究者比没有稳固团队的研究者有较多成果，而前两者比没有组建团队的个人有更多成果。林（Linn，2000）通过对日本的科技体制进行研究，发现日本科技体制是以企业、政府研究机构和大学三部分组成的科学技术体系，日本几乎所有的国家级高技术开发项目都是政府、科研机构、大学和私人企业联合开发，即实施"产、学、官"三位一体的机制。

也有学者针对具体领域的科研成果转化做了专门研究。竹正功、孙文德（1998）认为体制不顺、承包制弊端等原因造成科研院所大多数科技成果不能转化为直接生产力形成产业化，指出要强化企业科技意识，树立科研院所市场营销观念，建立科技成果评估模式规范科技成果价款约定评估，健全多渠道、多元化的科技成果转化投入体系，深化科研体制改革，健全技术市场和相关无形资产的法律法规等对策建议。史伟、施卫东（2002）提出科研院所与风险投资基金的合作模式促进科研院所的成果难转化，认为其具有"体制创新""资金融合""成果交易"中介服务的显著特征。毛学峰、刘冬梅（2012）认为现阶段农业科技成果转化投入相对较少，企业也没成为真正意义上的研发主体，要加强应用开发成果促进计划，针对现有科技成果进行二次开发或中试试验，同时理顺科技成果转化体制，提高农业科技成果转化率。蒋熙辉（2009）认为社会科学科研成果转化要尊重科研规律，正视科研成果转化难、转化慢、转化率低等问题，认为科研开发观念不强、成果质量不高、立项选题不准、转化渠道不畅、转化激励不够、转化投入不足等原因造成科研成果转化不足，提出推动社会科学研究成果面向市场和社会以适应经济社会发展选课题，建立科学的评价体系以提升研究质量，改革科研成果转化机制以疏通转化渠道，注重利用互联网构建科研成果共享平台，重视成果二次开发，改革科研成果转化的激励机制以形成正向激励。于翔（2014）将高校社会科学科研成果转化分为公益性转化和营利性转化两类，并分析各类成果转化的实现要素，提出高校社会科学科研成果转化"政产学研用"的协同策略：战略协同——加强社会科学研究总体规划，组织协同——建立高校社科成果转化中心，企业和高校的利益驱动协同——建立文化产业市场化运作机制。

除此之外，部分学者还针对团队内部信息交流的作用、团队核心人物的作用、团队创新管理模式测评模型、个体行为与组织结构的关系等方面进行了研究。

1.5.2　实践方面

国外有很多关于科研成果转化的实践。日本于1998年8月实施《关于促进大学等的研究成果向民间企业转让的法律》（第56号法律，"TLO法"），规定TLO机构（日本大学技术转让机构，"TLO"）可以对大学的各项研究成果进行发掘、评价、筛选，然后代替大学对此项成果进行专利申请，使大学等国家科研机构的研究成果有效地向民间企业转让，以促进科技成果转化、新产业的开拓和国民经济的健康发展。德国主要通过建立"科研创新体系"实现科技成果转化，主要包括科研开发工作、科研成果转化为市场产品的增值过程、科技成果及科技知识的传播和人才资源的培育培训，将政府、企业和人（掌握科学技术的人）进行统一：科研人员出成果、企业出资本、国家出政策并负责在企业界和科技界之间进行沟通。美国国会于1950年通过了设立"国家科学基金"的法案。美国国家科学基金会（NSF）的成立表明美国的科研体制完成了从"小科学"到"大科学"的转变，也使美国大学的科研必然受政府科技政策、法规及导向的制约，国家目标成为美国大学科研的重要选题来源。英国主要通过在大学建立交叉学科研究中心来实现科技成果转化，交叉学科研究中心组建与管理和美国工程研究中心非常相似，其特色在于吸收工业界和其他研究机构的研究人员做访问研究，政府近年逐渐把研究中心转变为交叉学科研究中心，对交叉学科研究中心的投资在 700 万 ~ 1100 万英镑之间，分 6 年拨付，第 4 年进行评估确定是否延长资助期，从而迫使高校直接面向企业，与企业签订研究合同或联合研究，从而促进科技成果的转化。

我国科研成果转化不足一直是国内学者的心结。上海市科委副主任马兴发认为大量科技成果养在深闺人未识的重要原因是科研激励机制的不健全，由于大部分科研人才集聚在科研院所、高校等事业单位，体制内工资水平和工资总额的诸多限制、激励手段的单一，使得科技人才难以获得与创造价值相匹配的薪酬待遇，从而科研积极性大大降低。[①] 天津大学化工学院教授袁希钢指出，要成立根植于大学、面向行业、由多家企业参与资助的具有联盟性质的技术研发机构，推进产学研协同创新。杨忠泰（2003）指出我国单向度依靠政府或政府行为推动科技成果转化的模式不合理，科技成果的成熟度差。林守一、李国华（1996）指出把科技成果的来源、面向、转移组成一个具有活力的系统从而建立有效的科技成果转化运行机制，加强科技成果管理、促进科技成果转化。周文燕（2006）指出制约高校科技成果转化难的原因是市场结合度低、投入不足、知识扩散机制不健全和文化与体制具有局限性，并基于此提出对策建议：改进科技管理模式使科研从"橄榄型"变"沙漏型"，建立开放的学术氛围、用人机制和大学边界，以此形成开放型大学，建立区域创新服务平台，健全创新服务机构。胡朝阳（2010）指出政府资助科技项目成果转化需综合行政确认、行政许可及其他诸多行政权的有效干预，在着力培育项目承担者自主权利意识的同时，树立政府职能部门积极行政的理念，在政府研发投入、采购、专利资助政策等方面提高权力干预效率。马志宏（2012）针对科研项目多事后审计的现象，提出对科研经费开展全过程跟踪审计，将审计关口前移，充分发挥审计事前、事中监督与服务职能，及时掌握资金的使用和管理情况。

① 吴叶柳。搞活激励让人才名利双收. 中国组织人事报. ［EB/OL］. http：//www. zuzhirenshi. com/dianzibao/ 2015. 11 – 30/1/428c1c75. 35bc – 45fd – 8150 – d1f1959eff82. htm. 2015. 11 – 27.

1.6　文献述评

随着科学技术的发展，科学研究也不再是个体研究，而是有一定规模的集体研究；科研工作不再是分散封闭的形式，而是强调协作与开放；科技创新不再是个人英雄主义，更多的是集体智慧的结晶；科学研究的集体性和开放性给科研管理带来了挑战，以往的个体研究与小组研究已经难以适应新的管理变化和挑战，而强调集体智慧的团队运作更加适应这种科学研究的变化和要求。

从高校协同创新的现有研究成果来看，国外文献中关于创新能力、团队建设方面的研究成果较为丰富，为国家培育创新型人才也已成为各国重要的发展战略之一。国外科研团队的概念和理论主要是从企业团队理论发展而来，虽然由于定义的不同，国外学者对科研团队的直接研究较少，对科研团队的专门理论研究并不多见，大多集中在个案介绍和实证分析方面，全面地总结其建设经验和教训，探索其形成与发展规律等。但他们对诸如研发中心、科研机构等研究较多，起步也较早，由实证研究和案例分析逐渐发展到对科研团队绩效的影响因素、科技创新能力的影响因素以及科研团队的评价研究等方面，在实践上也已取得了不菲的成绩，团队考核评价、经费监督管理、科研成果转化等机制已经常态化，对我们的研究有巨大的参考价值。

但同时我们看到，由于国外的科研组织模式并不注重强调创新团队，他们拥有大学研究中心或独立的科研机构，往往是导师与学生围绕共同感兴趣的课题向政府申请立项，因此关于创新团队建设和创新科技人才的相关理论成果多集中在企业管理领域，且较为散漫不成系统，对青年群体关注较少，没有发现针对青年科研创新团队进行的研究。由于国家环境、历史文化等各方面的差异性，本研究认为应立足于本国特色，有选择地进行参考借鉴。而我国科研创新团队作为大学科研与人才培养的重要组织形式，受到国家的重视与社会的推崇，国内科研创新团队的研究视角也相对更多元化。

目前，国内对高校协同创新的概念还没有一个权威的界定，对其特征的研究也还在探索阶段，但是学者们普遍认为高校协同创新是从事共同科研活动的、具有相同科研目标和方向的、具有创新意识和能力的、由学术带头人引领的、成员结构合理互补的群体。学者们从各个角度对团队绩效的影响因素进行了研究，强调团队创新能力和科技创新人才能力的重要性，认为高效的科研团队需要具有明确统一且愿意为之协同奋进的共同目标，年龄、专业、职称结构合理，拥有学识和组织能力等各方面都非常优秀的学术带头人，团队成员能够在物质保障、精神需求、价值认同、学习成长等方面有所得，成员关系建立在信任、沟通和互动的基础上，同时注重对成员的选拔、培养、评价考核和激励。也从良好科研环境的打造、科学有效的团队选拔、考核和激励等方面对团队建设进行研究，强调应对科研经费进行监督管理，对科研成果实行市场转化，指出科研项目或课题在团队形成中的核心动力作用，科技创新基地则成为团队发展的必要基本空间。部分学者也看到高素质青年科技人才作为学术带头人和团队成员在团队建设过程中所起到的举足轻重作用，强调关注和培育青年人才，充分发挥他们的科研热情和创造力。

可见，国内学者高度肯定了高校协同创新的研究价值和现实意义，从不同角度和视野构建了对它们的立体认识，强调"以人文本"、创新学习、知识共享、政策扶持、激励先行、互动协作和领导人带头作用等，在团队和人才结构、考核激励制度、培养选拔等各方面对本课题研究有很好的借鉴意义。但总体上对创新团队的研究还不够系统，多见于从宏观角度探讨队伍建设、素质要求、团队管理等内容，集中于团队组建、绩效考核、经费管理与成果转化等某个或某几个节点上的探讨，甚至存在以点带面进行分析的趋向。关于创新团队的定义与特征、分类与作用、发展规律与运行机制、外部管理与支持等还缺乏科学和系统的分析，对创新人才的研究也存在系统性不足的情况，且鲜有学者将人才纳入创新科研团队进行有机的结合研究。关于科研团队与创新团队的概念较含糊，创新团队的问题分析和对策研究也有待加强；研究范围多限于高校科研创新团队和高校青年科技人才，对科研院所的创新团队关注相对较小，大部分研究集中在如何培养创新型人才、如何合理使用青年科技人才进行创新、如何提升科研团队的创新能力等方面，对青年科研创新团队建设的研究几乎没有。

综上所述，国内外学者从各个角度对高校协同创新的绩效评价、产出效率等问题进行了研究，强调团队创新能力和科技创新人才能力的重要性，认为高效的科研团队需要具有明确统一且愿意为之协同奋进的共同目标，年龄、专业、职称结构合理，拥有学识和组织能力等各方面都非常优秀的学术带头人，团队成员能够在物质保障、精神需求、价值认同、学习成长等方面有所得，成员关系建立在信任、沟通和互动的基础上，同时注重对成员的选拔、培养、评价考核和激励；强调应对科研经费进行监督管理，对科研成果实行市场转化，指出科研项目或课题在团队形成中的核心动力作用，科技创新基地则成为团队发展的必要基本空间。团队建设方面，强调"以人文本"、创新学习、知识共享、政策扶持、激励先行、互动协作和领导人带头作用等。对高校协同创新从个体到集体、从概念特征到组建到最后的成果产出对创新团队进行系统的研究和掌握，对我国高校协同创新的研究显得尤其重要。

第 2 章

高校协同创新的国内外经验

2.1 国内高校协同创新的经验

科研创新团队区别于一般的科研团队，是一种特殊的高素质科研团队。1999 年，为支持基础科学前沿研究，培养和造就活跃在科学前沿、有较高学术水平、勇于探索并具有明显创新活力和发展潜力的研究群体，国家自然科学基金委员会设立"创新研究群体科学基金资助计划"，每年资助团队 20 个左右；2004 年，我国教育部制定《长江学者和创新团队发展计划》，新设"科技创新团队"项目，对以拔尖创新人才为核心的、从事国家重点发展领域或国际重大科学与技术前沿研究的优秀科技创新团队给予重点资助，并陆续颁布高等学校《"高层次创造性人才计划"实施方案》，制定《"长江学者和创新团队发展计划"长江学者聘任办法》《"长江学者和创新团队发展计划"创新团队支持办法》《"新世纪优秀人才支持计划"实施办法》和《"青年骨干教师培养计划"实施办法》等具体实施细则，以确保计划的顺利实施。同时，地方政府和部分高校也积极采取措施加强本地或本校的科研创新团队建设，如表 2-1 和表 2-2 所示。

表 2-1　　　　　　　部分省区市创新团队计划或政策概况

省市区	计划项目或文件	启动时间	实施部门	实施期限	面向对象	支持数量	支持办法
北京市	创新团队建设与教师职业发展计划实施意见	2013	市教委	2013~2015	北京市属高等学校	3 年遴选 50 个左右创新团队	入选高层次创新团队建设计划，分年度给予建设经费资助，自然科学类额度为每支团队每年 300 万元以内，艺术类额度为每支团队每年 100 万元以内，人文社科类额度为每支团队每年 30 万元以内；资助周期为 3 年

续表

省市区	计划项目或文件	启动时间	实施部门	实施期限	面向对象	支持数量	支持办法
福建省	福建省高等学校科技创新团队培育计划实施办法	2013	省科技厅	2013~2015	省高等学校	10个左右创新团队	资助的研究期限为3年，每个创新团队资助经费100万元
云南省	云南省创新团队管理办法	2013	省科技厅		省高等院校、科研机构		每个团队资助经费100万元，分年度拨付；所在单位应按不低于1:1的比例匹配经费
河南省	"创新型科技团队"认定及管理办法	2007	省科技厅、财政厅		省高等院校、科研院所	到2010年形成100个左右	创新团队的支持期限一般为3年。对每个创新团队的支持一般不超过2个期，团队工作条件和运行经费多渠道解决，依托单位和推荐部门在各方面给予支持
浙江省	浙江省重点科技创新团队建设办法（试行）	2010	省科技厅		省内等院校、科研院所和创新型企业	今后3~5年，培育150个左右	创新团队建设以三年为一个周期
山东省	山东省高校优秀科研创新团队建设管理办法	2013	省教育厅	2013~2015	省直属普通本科高校	"十二五"时期培育和建设25个左右	省财政设高校优秀科研创新团队建设专项经费，一次核定，分年度下拨。获资助创新团队所在高校应将高校优秀科研创新团队建设专项经费纳入年度预算，并按不低于1:1比例进行配套
江苏省	江苏高等学校优秀科技创新团队支持计划管理办法	2006	省教育厅		全省普通高等学校	每年资助20个左右	资助研究期限为三年，省对每个团队资助一定研究经费，学校予以配套资助；省资助经费一次核定，分年度下拨。省属高校资助经费由省教育厅会同省财政厅按1:1比例配套下拨
湖南省	湖南省高校科技创新团队支持计划管理办法	2012	省教育厅		全省普通高等学校		资助经费主要用于团队的科学研究、人才队伍建设和学术交流活动；研究经费一次核定，分年度安排，资助期限为三年；学校按不低于1:1的比例对立项建设创新团队进行配套资助

续表

省市区	计划项目或文件	启动时间	实施部门	实施期限	面向对象	支持数量	支持办法
山西省	高等学校优秀创新团队支持计划实施办法	2013	省教育厅科技处		省普通高等学校		实施资助周期：3 年；资助额度：教育厅和所在高校对入选团队各提供 50 万元资助经费，一次核定并下拨
陕西省	陕西省重点科技创新团队建设计划管理办法	2012	省科技厅		省高等学校、科研院所和科技型企业	每年一次，每次 30 个左右	给予 50 万～200 万元的经费资助
吉林省	吉林省高校创新团队发展计划实施办法（试行）	2012	省教育厅		省属普通高校	每三年选 10 个左右	创新团队发展计划建设期限为三年，每个创新团队争取省财政给予一定额度的经费支持
广西壮族自治区	"广西高校人才小高地建设创新团队资助计划"实施办法	2005	自治区教育厅	每批次 10 个	自治区内高等院校、科研院所		每个资助期限 3 年；对每个创新团队自治区教育厅资助 20 万元，经费分两次划拨，第一次划拨 10 万元，经中期评估合格后再划拨 10 万元。所在高校按 1∶2 的比例配套经费，共同资助

表 2 - 2　　　　　　　　部分高校创新团队计划或政策概况

学校	计划项目或文件	启动时间	支持数量	支持办法
中央财经大学	青年科研创新团队支持计划	2010	每 3 年一评选，已评选 3 次，52 支	"团队计划"支持周期为 3 年，资助每个科研创新团队 30 万元左右研究经费，立项数量根据当年总经费情况确定
厦门大学	创新团队发展计划	2005	每年 8 个	自然科学 100 万元，人文社会科学 30 万元
河南师范大学	河南师范大学创新团队建设管理办法（试行）	2008	五年内支持 15 个左右	学校鼓励各创新团队承担单位对资助经费进行配套，同时要求各单位为创新团队提供研究必需的条件支持；学校优先推荐本计划资助的创新团队申报教育厅、科技厅、教育部创新团队资助计划
三峡大学	三峡大学科研创新团队管理办法（试行）	2012		团队建设期限为三年，资助经费 15 万元，分两次拨付，第一次拨付资助经费 60%，第二次拨付资助经费 40%。团队资助经费从学校科研创新团队专项经费中列支，专项经费由科学技术处管理

续表

学校	计划项目或文件	启动时间	支持数量	支持办法
山东大学	《山东大学创新学术团队建设实施办法》	2003		学校将创新学术团队建设纳入到"211工程"二期建设工作中，并列出专项用于奖励和资助创新学术团队。对创新学术团队计划开展的重大基础性研究课题：学校根据不同情况，给予50万~200万元的科研资助经费；对从国内外引进的创新学术团队：根据实际需要，从实验室建设、科研启动费等方面给予100万~500万元
中国石油大学	中国石油大学（北京）科研创新团队管理办法	2010		学校对已经批准的国家自然科学基金委的创新群体、教育部创新团队，将加大支持力度，优先在学科建设经费中给予支持
大连理工大学	大连理工大学科研创新团队建设与管理实施细则	2014		团队建设周期为三年
中国政法大学	中国政法大学青年教师学术创新团队支持办法	2009	资助数量由校基本科研业务费专项资金领导小组确定，首次资助10个左右。	人文社科创新团队每年15万元，自然科学团队每年25万元。资助期一般为3年
上海外国语大学	上海外国语大学青年教师科研创新团队建设与管理办法	2011		资助经费专款专用，学校年资助额在5万~10万元之间
南京大学	"长江学者和创新团队发展计划"创新团队支持办法	2014	每年资助60个左右创新团队	教育部创新团队资助期限为三年，资助经费合计300万元
南京理工大学	南京理工大学自主科研专项计划管理暂行办法	2009		学校与项目负责人签订项目任务书并拨付研究经费，项目研究经费原则上分年度拨付；项目研究周期原则上为两至三年
武汉大学	武汉大学自主科研项目管理办法	2014		执行期超过一年的项目，学校按预算分年度拨付科研经费，项目负责人按年度预算执行

注：以上内容由官网材料整理而成。

　　为破解科研人才考核评价问题，地方遵循市场经济和人才成长的双规律，开始了多向探索。上海、深圳等地先后开展了以薪酬评价、投资评价和第三方评价（行业协会）等为主要方法的评价方式，以使人才评价机制更加市场化、社会化；黑龙江将教育、卫生、农业高级职称评审权下放，广东向高等院校、科研院所、新型研发机构、大型骨干企业、高新技术企业等下放职称评审权；北京生命科学研究所将所有实验室主任的考核周期定为 5 年，5 年内不考核、不评价，给予人才充分科研时间，避免评价的急功近利；宁夏破格晋升科研成果、社会贡献突出的专业技术人员到相应等级的专业技术职称，认为长期在县级以下单位工作、技术能力过硬、业绩贡献突出、人品口碑良好的专业技术人员可直接申报高一级职称，而乡镇以下单位的专业技术人员评定职称时对论文、外语、计算机则不作硬性要求；2015 年 9 月，广东指出如果一个技术员有多个技术转让项目且交易额累计达到 100 万元，能够撰写相应技术报告的，就可以用技术报告代替论文；山东、湖北等地也已启动针对高校、医院的岗位分类管理改革，尝试对教师、医生等设立不同类型岗位，设置不同的职称评价标准和方式。①

　　科研激励机制不断进行改革，赋予高校、科研院所科技成果使用、处置和收益自主权，提高科研人员成果转化收益，加大对科研工作的绩效激励力度，完善事业单位绩效工资制度，健全鼓励创新创造的分配激励机制等措施不断推陈出新。如黑龙江规定，对单位转化或自行转化职务科技成果的，个人最高收益可达 90%；上海将收益归属研发团队所得比例下限从原来的 20% 大幅提到 70%。②

　　部分高校和科研院所也开始从资金项目管理、科研自主权、技术创新激励等方面进行探索，试图为科研人才创造"无忧无虑"的研究环境，给予他们更多的科研时间自由探索。中科院建立了以重大产出为导向的资源配置体系和研究所评价体系，提高经费保障能力，减少检查评估，确保科研人员 80% 的时间从事科研工作；中国农业科学院实施创新工程，建立以持续稳定支持并结合适度竞争为特征的科研组织方式；北京生命科学研究所实行"以科学家为主"的管理模式；西安交通大学、天津大学等高校探索出"学术特区"等科研人才管理模式，为人才创造自由宽松的科研环境；而 2015 年 10 月国家知识产权局等 5 部门印发的《关于进

---

　　① 高阳. 创新评价让人才自由追梦. 中国人事科学研究网. [EB/OL]. http：//www. rky. org. cn/c/cn/ news/2015. 12/ 01/news_ 15153. html. 2015. 12 – 20.

　　② 吴叶柳. 搞活激励让人才名利双收. 中国组织人事报. [EB/OL]. http：//www. zuzhirenshi. com/dianzibao/ 2015. 11 – 30/1/428c1c75. 35bc – 45fd – 8150 – d1f1959eff82. htm. 2015. 11 – 27.

一步加强知识产权运用和保护助力创新创业的意见》为保护科研创新成果提供了有效的安全支撑。①

2.1.1　中央财经大学青年创新团队建设经验探索

（1）中央财经大学青年科研创新团队建设概括。

近年来，中央财经大学专门针对学校青年教师出台了《青年创新团队支持计划》，鼓励跨学科、跨部门的联合，支持合理研究方向内自主选题，经过严格初评、答辩评审和公示，已陆续确定三批共 52 支青年科研创新团队，从 2010 年启动至今，经过 5 年建设，在青年人才培养与成长、国际合作、团队机制建设、服务社会等方面进行了积极探索，极大地调动了学校青年教师的科研热情和创新能力，青年科研创新团队呈现良好的发展态势。

创新科研组织模式。学校设立"青年科研创新团队"，是推进科研体制改革、加强学术资源整合创新、深化跨学科交叉研究、促进青年教师成长发展的重要举措。该计划专为青年教师"量身定制"，鼓励和支持青年教师以国家经济社会发展重大需求为导向，以项目为纽带，立足学术前沿组建跨学科、跨专业研究团队，协同开展创新性、前瞻性、战略性研究，在实现个人学术成长的同时，力争取得有重大学术价值和社会影响的标志性成果。学校坚持"高起点、高标准、高水平"的原则，聘请校外专家组成评审委员会，严格实行评审答辩制度。目前，共培育建立12 支项目化团队，每支团队获得 30 万元经费资助。在科研评价方面，以3 年为一个周期，坚决摒弃急功近利的做法，坚持以引导培育为主，同时实行年度检查汇报制度，组织专家对青年团队进行专业指导，积极为青年教师的可持续发展创造宽松环境和良好条件。

搭建学术发展平台。围绕"青年科研创新团队"的新进展新成果，学校通过定期举办学术沙龙、学术论坛，推荐青年教师参加国内外学术会议等，促进团队内部、团队之间、团队与学校师生及外部的沟通交流，推动学术交叉融合发展。"中财双周学术沙龙"就是一个广受师生欢迎的学术园地，不同学科的教师在此热烈争鸣。比如，围绕胡锦涛总书记提

① 张璇．优化源头让创新人才竞相涌现．中国人事科学研究网．［EB/OL］．http：//www. rky. org. cn/c/cn/news/ 2015. 12/08/news_ 15160. html. 2015. 12. 08.

出的“包容性增长”的思想，“经济体制改革与包容性增长”团队介绍了自己的研究成果，来自税务学院、法学院等学院的青年教师则从各自专业角度提出了独到见解，思想在碰撞交流中得到了深化。其他诸如“转型期重点人群的社会心理指标跟踪与预警”“社会主义市场经济条件下道德资本及其风险控制研究”等团队，都以此种形式广泛开展了研讨。与此同时，很多青年教师还在一系列国内外重要学术会议上崭露头角，介绍学校科研创新成果。团队协作创新，极大地激发了青年教师的学术热情。

科研创新助推教学。学校积极引导团队将科研和教学结合起来，以科研推动教学质量提升。“IT 融合与商务创新”团队将研究成果深度融入教学，先后开设《会计信息系统》《电子商务》等交叉课程，出版《电子商务系统建设与管理》《信息系统开发与项目管理》等普通高等教育“十五”、“十一五”国家级规划教材，《财经学科与信息学科交叉类课程改革与教育创新研究》获得北京市教育教学成果二等奖。学校通过推行集体备课、课堂观摩制度，帮助团队开展教学经验交流，青年教师的教学能力不断提高。多人在学校“青年教师教学基本功大赛”中获奖，此外通过招募助研、实践教学等方式，手把手地辅导学生。“医疗卫生改革政策评价与老龄健康保障跨学科研究”团队还实施了“本科生人才培养创新项目”，每年从全校不同专业选拔 3 ~ 5 名本科生参与团队研究，系统培养学生的科研能力和创新精神。风华正茂的青年团队，已成为学校创新型人才培养的重要力量。

团队孕育青年成长。“青年科研创新团队”充分调动青年教师的积极性和创造性，为青年教师搭建了广阔的成长和发展平台。通过团队合作，青年教师在治学、服务社会、师德修养等方面得到了全面历练。多支团队先后获得多项国家和地方重点项目立项，研究成果受到多方肯定。由团队主持的《全球金融危机冲击下的中国：宏观经济政策选择和结构调整》《北京市依靠创新转变经济发展方式的思路与对策研究》等课题，针对国家、地方和行业发展需求及时提出对策建议，得到有关部门的高度重视。一些团队还与政府部门直接合作。如“医疗卫生改革政策评价与老龄健康保障跨学科研究”团队受国务院医改办委托，与世界银行、卫生部组建评估组，对新医改实施了外部评估。“出版强国建设背景下我国出版产业面临的挑战、机遇与发展战略选择研究”团队成员被国家外文出版事业局聘为“财经新闻培训项目”顾问。在团队孕育下，青年教师

得到了迅速成长，1 人被评为"北京市师德先进个人"，成为师德楷模；10 余人先后入选教育部"新世纪优秀人才支持计划"，成为教学科研骨干。青年教师的成长，凸显了团队创新的巨大活力和潜力。

（2）典型性团队介绍："经济体制改革与包容性增长"青年科研创新团队。

2011 年 3 月，经过严格的初评、答辩和公示等环节，以经济学院李涛教授为带头人，经济学院王海港副教授、陈斌开副教授、史宇鹏博士和赵文哲博士为主要成员的"经济体制改革与包容性增长"研究团队正式入选中央财经大学青年科研创新团队支持计划，成为该校首批获得资助的青年科研创新团队之一。一年来，在学校和学院的大力支持下，李涛教授带领的青年科研创新团队从包容性增长和发展的视角对我国经济社会改革和发展的一系列重要问题进行了深入的理论和经验研究，在科研创新、教书育人等方面都取得了优异的成绩。

推动创新性的科学研究是李涛教授带领的青年科研创新团队的中心任务。当前，经济学研究已经呈现出以跨学科视角关注重大社会现实问题的新趋势。团队成员依托各自的研究专长，经过长期的思考和多次的讨论，确定了包容性增长这一研究课题。从理论上，包容性增长是亚行经济学家根据中国、印度等国发展经验提出来的一种新的经济发展理念。改革开放 30 多年来，中国实际 GDP 增长速度每年平均在 9% 以上，高速的经济增长使得人均收入迅速升高，贫困人口大幅下降。但是，不可否认的是，快速经济增长也带来了许多负面影响，例如，环境破坏、收入不平等差距拉大，经济增长的成果并没有普遍惠及大多数人，尤其是低收入者。大量的学术研究发现，中国的贫富差距伴随着经济增长反而出现了恶化的情况，收入差距和财富差距非常明显，经济发展的社会代价已经非常突出。在这样的背景下，胡锦涛主席提出了包容性增长的发展理念。但是，学术界对于包容性增长的研究非常缺乏。鉴于此，团队对包容性增长进行了系统探讨。他们认为，包容性增长的内涵可以概括为"参与"和"共享"。"参与"是指经济增长要创造更多的机会让人们自由、平等地参与到经济发展过程中。"共享"意味着所有社会主体都能够通过参与来共享经济发展成果。因此，包容性增长的核心体现在两个方面：一是在经济增长过程中创造更多的机会，二是将机会公平地分配给广大人民，尤其是要注重扩展那些处于劣势地位群体的机会。从以上角度来说，包容性增长更侧重改善和维护发展机会均等的制度环境，但是也并不排斥或忽视具有再分配性质的公共支出和社会保障支出。改善和维护发展机会均等的制度环境的目的是保证机会人人均等，例如受教育的机会、医疗健康机会、基础设施使用机会、融资机会等，人人能够利用各种机会参与到经济增长过程中。再分配的目的是保证经济增长的结果平等，即人人能够共享增长的成果。再分配的手段包括累进税、福利抚恤支出、各种社会保障支出等。合理有效地创造机会和分配机会在经济领域内必然要求推动经济体制改革。

在明确了"经济体制改革与包容性增长"的基本内涵后，团队又多次围绕居民幸福感、家庭消费、收入分配、企业发展等主题对包容性增长的基本内涵进行了系统拓展。团队建立了学术论文报告制度，不定期地举办讨论会，发挥团队优势，拓展研究思路，形成研究合力。

团队还通过实施"走出去、请进来"的方式来拓展研究思路。"走出去"就是指鼓励成员经常参加国内外的高水平学术会议，并通过报告和讨论论文等方式，更广泛地听取研究建议。李涛教授受邀在北京大学经济学院、北京师范大学经济与工商管理学院、西南财经大学中国家庭金融调查与研究中心等国内高校报告居民幸福感研究方面的学术论文。陈斌开副教授受邀在 2012 年度美国经济学年会、2011 年美国国家研究局 – 北京大学中国经济研究中心（NBER – CCER）年会及中国留美经济学年会上报告居民储蓄和消费方面的学术论文；史宇鹏博士受邀参加了 2011 年中国法经济学年会，并在大会上报告居民信任感研究方面的学术论文；赵文哲博士受邀在日本冈山大学经济学部、北京大学中国公共财政双周论坛以及中国数量经济学年会上报告通货膨胀研究方面的学术论文。"请进来"则是指团队邀请相关研究领域的权威学者进行学术交流，借助"外脑"来扩展研究视野。通过学院的"双周学术论坛"，团队定期邀请校外专家学者学院进行学术交流，邀请了澳大利亚国立大学宋立刚教授，波士顿学院肖志杰教授、山东大学谢志平副教授、香港科技大学钟宁桦博士等学者举办学术讲座和报告学术论文，并与团队成员开展学术交流、商讨合作事宜。

此外，团队也利用中国金融 40 人·青年论坛与中国社会科学院世界经济与政治研究所、北京大学光华光华管理学院、北京大学国家发展研究院、清华大学经济管理学院、中国人民大学经济学院和财政金融学院、对外经济贸易大学金融学院、山东大学经济研究院等学术机构开展一系列的学术交流，旨在增进青年学者之间的合作、共享学术研究资源、推动中国经济学研究的规范化和国际化。

通过大家的共同努力，团队目前已取得了一系列的高水平的研究成果。2011年以来，团队成员在《牛津经济学与统计学通报》（Oxford Bulletin of Economics and Statistics）《经济研究》《世界经济》《金融研究》等国内外学术期刊上发表论文11篇；获得了北京市哲学社会科学重大招标项目1项、国家自然科学青年项目基金1项、教育部人文社会科学青年项目资助2项。团队带头人李涛教授于2011年入选教育部"新世纪优秀人才支持计划"，团队成员赵文哲博士获得了第五届"黄达－蒙代尔经济学奖"。

培育人才是团队工作的落脚点。培育人才实际上包括两个方面，一个是对教师的培养，一个是对学生的培养。团队成员之间通过合作研究等方式形成科研合力，实现团队科研能力的整体提升。与此同时，团队以科研推动教学，团队成员之间也经常采用集体备课和课堂观摩等方式进行教学经验的交流，每个成员的教学能力也稳步提高，团队成员史宇鹏博士在2011年获得了学校的"基础课教学奖"。此外，团队还通过招募助研、与学生合作研究等方式，手把手地教学生如何进行科学的选题和研究。在培养学生的过程中，一方面注重培养学生学习和科研的能力，另一方面也非常注意培养学生的学术道德，坚决杜绝学术不端行为。以上成绩的取得，与学校各相关部门和学院的大力支持密不可分。学校科研处不仅提供了宝贵的经费资助，而且多次召开各个青年科研创新团队建设经验交流会，还通过举办双周学术沙龙等形式鼓励跨学科的交流与合作。团队所在的经济学院也从教学安排和办公设施等各个方面为团队工作提供了便利条件。

"经济体制改革与包容性增长"青年创新团队是一个年轻的团体、也是一个奋进的团队，他们深知创新性的学术研究任重道远。在做好自身研究工作的同时，也要为中央财经大学理论经济学科的建设和发展努力奉献。团队的下一步发展计划已经非常清晰：首先，在科学研究方面，一是继续加强与校内外研究机构的交流合作，定期召集校内外知名的专家学者就有关问题举办学术研讨年会，二是密切结合社会发展需要，关注重大社会经济现实问题，与各级政府部门和企业建立密切的合作关系，提高学术研究服务社会的能力。其次，在教书育人方面，一是注重培养学生严谨治学、诚信治学的学风，二是吸收更多有学术潜力的研究生进入团队作为研究助理，培养学生的学术素养、提高学生的研究能力。

在学校和学院的大力支持下，"经济体制改革与包容性增长"青年科研创新团队将以严谨诚信的治学态度、为人师表的育人精神，为把中央财经大学建设成为有特色、多科性、国际化高水平研究型大学而努力，为我国的经济学学科建设和经济发展实践贡献自己的力量。①

2.1.2　上海外国语大学青年教师科研创新团队建设

上海外国语大学青年教师科研创新团队重点支持校内以青年骨干教师为中坚力量的学术研究群体，聚集培养一批高素质的学术带头人和青年学术骨干，造就学术领军人物，凝练学科研究方向，并通过承担省部级和国家级项目、重点项目、基地项目、优秀人才支持计划项目以及各类科研课题，产出具有重大理论和社会价值的高水平、高质量的研究成果。

团队建设实行团队核心负责制。团队有 1 名核心负责人，具备博士学位和副高以上职称，具有较高的学术水平、领导才能和组织能力，入选当年 1 月 1 日前未满 40 周岁（含），且主持承担并完成过省部级及以上项目、有公开出版的专著；团队核心面向全校招募团队 4～5 名成员，入选当年的 1 月 1 日前未满 35 周岁（含），且至少有 1 名来自不同学科或专业；团队建设以跨学科、跨专业平台为组建基础，不断凝练研究方向，充分体现学科交叉与专业融合的特点。

团队由校、院两级共同管理。学校设立有利于青年教师科研创新团队建设发展的管理和运行机制，为学术创新搭建高水平的科研平台；同时所在单位提供支持和帮助。实行"3 + 1"评价管理模式，前三年为启动和运行阶段，中期评估验收，验收成绩优秀或合格的继续运行，不合格的停止资助并追究学术带头人责任。

2.1.3　中国政法大学青年教师队伍建设

中国政法大学重视对青年教师队伍的建设。出台了涉及教学、科研等方面的全方位《优秀中青年教师培养支持计划》，由青年教师自主选择研究项目，既包括科学研究，也包括教学、公益、智库研究等事项；除

---

① 资料来源：中央财经大学学风建设专题网站。

了研究资金外，给予青年教师提供特殊津贴支持，鼓励他们开展高水平的学术研讨会，进行国际学术交流，产生创新成果；学校积极搭建平台，推荐他们进入各领域的"专家库"，扩大他们的社会知名度。除此之外，还颁布了《中国政法大学新入校青年教师科研启动计划》《中国政法大学教师届终考核办法》等制度规定，从基础和长远谋划，强化国际化办学视野和思路，优化人才成长环境，创新人才工作机制，在队伍建设上突出重点，整体推进，创新青年教师培养模式、完善岗位聘任、考核评价机制和激励机制等制度体系，构建有利于青年教师成长发展的制度环境，不断完善优秀人才发现、培养、使用和评价激励等机制，从而促进青年教师的成长与发展。

2.1.4 武汉大学人文社会科学"70后"学者学术团队建设

2009年，武汉大学出台《武汉大学人文社会科学"70后"学者学术发展计划实施方案》，提出了一系列鼓励"70后"人文社科学者钻研学术的计划，通过建设一批科研机构、培育一批学术团队、设立一批专职科研编制、设立一批科研项目、推出一批优秀成果、推介一批学术骨干、打造一个学术论坛、开办一个方法训练营、构建一个支撑体系等途径，为文科青年学术队伍提供全方位的政策、资源和资金支持，涵育一批优秀的科研团队。

到2016年5月，已连续支持三批学术团队，并于5月20日对第三批12支团队进行了总结验收，将结合专家评议和群众测评进行综合评估，确定等级并择优进行后期资助。校党委副书记骆郁廷指出，青年学者是哲学社会科学的生力军，是高校未来核心竞争力的决定力量，发展的希望在创新，创新的希望在青年，"70后"学术团队的建设，不仅在于培育学术新人，更在于提高学术团队整体创新力，旨在加强引导、科学布局、整合资源、涵育未来学术中坚，促进青年学者的群体性成长，激励学术创新，产出重大成果，增强武汉大学人文社会科学的可持续发展能力。

2.1.5 西北政法大学成立青年学术创新团队

2013年1月19日，西北政法大学首次授予食品安全犯罪问题研究创新、国际法前沿问题理论创新研究等7个青年学术创新团队立项建设，以三年为一个建设周期，实行合同制管理。学校每年拨给每个创新团队建设经费 10 万元，纳入学校专项财政预算。科研处和创新团队负责人所在单位共同对创新团队进行管理。学校对创新团队的建设情况进行年度考核和期满考核两种方式，年度考核合格继续建设；年度考核不合格的则将减拨经费、限期整改，并在半年后重新评估，重新考核后仍不合格，取消该团队建设计划。建设周期结束后，经评估考核，建设成绩突出、发展潜力大的团队，可继续申请新一轮的支持，考核不合格的下一期则不再资助。

西北政法大学校长贾宇表示，青年教师是学校科研发展的未来和希望，近年来获批立项的国家社科基金项目、教育部人文社会基金项目，多数是由青年教师申报成功的。但青年教师的科研工作环境和条件、学术资源配置等亟待改善，营造有利于青年教师快速成长的学术环境，进一步发掘他们的学术潜力，直接关系到学校科研工作的未来格局，甚至影响着学校整体事业的兴衰成败。实施创新团队计划旨在通过科研管理机制创新，倡导和培养团队精神、促进学科交叉融合、培养拔尖科研人才、推出高质量创新学术成果。"青年学术创新团队"的建设，一方面在"创新"、另一方面在"团队"，只有"创新"，研究才能走进学术前沿，各团队需要在学科的交叉融合中寻找创新点，寻求选题创新、理论创新、技术与方法创新，并在应用上不断进行探索；而"团队"是青年学术创新团队建设的核心，团队建设重在学术氛围的营造，只有团队成员间思维相互交流和碰撞，才能产出高质量的学术成果。

"文化产业发展中的知识产权法律问题青年研究创新团队"负责人孙昊亮认为，现今的科学研究越来越走向专业化、群体化、协作化和社会化，要想取得高水平的科研成果，团队协作、集体攻关是最重要的措施和手段；同时创新团队是在实质合作基础上形成的研究整体，具有相对集中且特色鲜明的研究方向。成立青年学术创新团队便于成员之间加强学术交流，营造自由探索、相互激励、开拓创新、团结合作的良好学术氛围。

2.1.6　中国香港特区高校团队管理

中国香港特区的社会科学项目由各高校和社会科学研究机构的科研管理部门自行负责和管理，其管理程序中包括申报、组织、管理、监督、鉴定和结项等工作环节与步骤与内地高校和社会科学院系统的管理方式较为相似，其管理理念、思路和方法值得我们借鉴。

常飞（2012）[1] 以香港亚洲基督教高等教育联合基金会为例对香港社会科学项目管理进行了研究：经费来源与项目实施相辅相成，在不违背根本宗旨服务香港社会、维护声誉信誉的基础上，括展经费渠道、扩充项目类型与领域、扩大社会影响力，构建形成了"大学（或研究机构）——基金会——社会（捐款人或机构）"相互关联的结构与良好互动的模式，使得本身、大学与社会三者之间保持紧密联系与良性沟通；项目申报形式、研究成果内容和形式等灵活多样，充分体现了因项制宜；同时对研究项目的申报审核也非常严格：不仅有科学规范的申报程序，还需要学校或学院为项目提供担保，并对申报人的研究能力和完成项目的可行性进行审核和评估，从而保证研究质量和基金会信誉。

2.2 国外高校协同创新经验借鉴

2.2.1 韩国科研人才激励和管理经验

通过对韩国产学研合作基金会模式进行研究发现，韩国的科研人才激励和管理比较注重知识产权保护，注重管理制度建设。

科研管理以知识产权尤其是专利的运营和保护为核心、法律应该明确界定"产学研基金会"等机构作为科研成果管理者和专利运营者的身份、完善的知识产权工作体系是顺利进行高校科研成果产业化的基本前提、重视对专利运营和技术转让专业人才的培养。[2]

2.2.2 新加坡南洋理工大学协同创新经验

新加坡南洋理工大学积极实施科研国际化。致力于自主研究，在高

---

① 常飞：《香港社会科学项目管理述评——以亚洲基督教高等教育联合基金会为例》，载《科学管理与评论》2012 年第 1 期。

② 杨哲、张慧妍、徐慧韩：《我国高校科技成果转化研究——以"产学研合作基金会"为例》，载《中国高校科技》2012 年第 11 期。

级材料、生物医学工程、电脑生物、高科技系统、纳米科技与宽频传播等领域的研究达世界领先水平的同时，注重国际化建设和跨学科的合作研究，如与美国加州理工学院、瑞士苏黎世联邦科技大学、英国伦敦帝国学院、印度孟买理工学院、中国上海交通大学联合组建"全球科技大学联盟"，针对医疗保健、能源安全、粮食和水资源供给、气候变化等全球问题，进行跨学科和跨国界的研究合作，并与英国劳斯莱斯集团、法国泰勒斯集团等世界知名企业成立联合研究机构，开展科技合作，推动产业的发展，通过全方位、多角度的国际化合作，使南洋理工大学跻身于世界顶尖大学之列。（邱锡光和林銮珠，2015）①

2.2.3　印度青年科技人才培养经验

印度科技教育从小抓起，1986 年颁布新的教育方针，将"科学"和"数学"作为 1 ~ 10 年级学生的必修课，并在初小、高小和中学等基础教育的不同阶段设定不同的、进阶性的培养方案，同时投入大量人力和物力；而大学教育则几乎全部与国际接轨；同时实施科技人才培养的专门配套计划，在青年人才培养过程中，印度科技部特别设立以 35 岁以下青年研究人员为对象的"青年科学家研究项目"，以此激发青年人才献身科技发展。庞大的高等教育体系、众多的一流大学、专门的配套政策，为印度的科技发展持续培养、造就和输送高级人才（黎海波，2008）。②

---

① 邱锡光、林銮珠：《新加坡南洋理工大学国际化办学经验与启示》，载《中国农业教育》2015 年第 1 期。

② 黎海波：《科技人才开发：韩国和印度的"智缘政治"特色》，载《当代韩国》2008 夏季号。

第 3 章

高校协同创新访谈和问卷调查研究

3.1 高校协同创新访谈

3.1.1 访谈对象选择

本研究选取了中央财经大学连续三批的青年科研创新团队作为访谈对象。中央财经大学自 2010 年开始实施"青年科研创新团队支持计划"，以团队建设为载体，为青年教师提供资源、平台及发展的帮助和支持，以期解决青年教师获取资源难、发展平台少、个人发展空间窄等问题，助力青年教师的全面成长与发展。目前，该校已先后支持 3 批共 52 支青年科研创新团队，经过 5 年建设，在青年人才培养与成长、国际合作、团队机制建设、服务社会等方面进行了积极探索，极大地调动了学校青年教师的科研热情和创新能力，青年科研创新团队呈现良好的发展态势。为了使团队更好地成长，了解团队建设三年目标的实现情况和存在问题、探索团队建设原有机制和方法的有效性、提出团队建设改进的策略和途径，特对一期的 10 支团队负责人进行了访谈。

3.1.2 访谈安排

本次访谈采用半结构式访谈，目的在于：了解团队建设 3 年目标的实现情况和存在问题，探索团队建设的改进策略和途径。此次访谈对象主要是第 1 期 10 支青年科研创新团队的负责人，2015 年 11 月底至 2016 年 1 月初，在中央财经大学科研处老师的组织和参与下，课题组先后 7 次对 10 名团队负责人进行了访谈，主要围绕团队组建、团队目标实现和团队建设建议方面等，主要问题如表 3 - 1：

表 3 - 1 　　　　　　　　　　青年科研创新团队访谈提纲

序号	问题
1	请简要介绍一下您在团队中的主要职责和任务。
2	请从团队成员的能力素质角度，简要介绍一下您所在的团队。
3	您认为，跨学科、学院或学校的团队是否更有利于团队建设及其目标实现？这种团队会存在哪些问题？
4	您是否了解所在团队建设目标和任务？这些目标实现情况如何？
5	您是否了解学校或学院的学科建设目标？您所在团队建设目标与之匹配度如何？
6	通过该团队，您个人得到了哪些发展？不够满意的地方有哪些？
7	当前学校是如何对团队建设进行考核的？您认为效果如何？
8	您认为，你所在团队的自身建设方面还存在哪些问题？如何改进？
9	您认为，学校科研处对这些团队的管理中还存在哪些问题？这些应该如何改进？

3.1.3　访谈对象主要观点

为了达到访谈目的，我们预先将访谈提纲传给被访人员，使其对访谈工作的安排和访谈内容有所准备，然后与其约定具体访谈时间。访谈过程中，会根据具体情况，进行适当的追问，深入了解我校青年科研创新团队。大部分访谈是在一个独立的空间内进行，每次访谈的时间基本控制在一个小时左右，在访谈之前尽力营造一个气氛融洽、各抒己见的氛围，尽量让被访谈对象提出自己的观点。

团队负责人一认为，组建团队的优点是使校内外学者交流机会增多，资源得到有效整合，为学校科研发展做出贡献，各成员的科研素质和综合素质得到提升。缺点是由于缺乏制度约束和有效激励，团队凝聚力缺乏，人力资源优势的发挥受到限制。从而建议应该适当分离教学和研究，保持学术一定的自由和独立性；另外，建议经费采取团队自筹模式，各团队可以自己支配经费，并且组建团队中的成员不仅可以跨学院，也可以跨校。建议学校制定相应的人才保障制度，对团队的考察主要集中在科研成果和团队经费使用两个方面。

团队负责人二认为，其所在团队跨院系明显，团队目标与学校发展目标基本吻合，在发展过程中鼓励并帮助个人申报课题或承担子课题，取得了不少科研成果，成员之间的合作也日益紧密。但仍存在一些问题，如缺乏对外宣传，团队3年期满后不能可持续发展，成员产出差异明显，成员力量难以整合；因此，认为通过发表报告等方式可以使团队走向全国、服务社会，科研处应着力于智库建设，建成类似研究所的科研平台，保证科研和团队的持续性；同时强调保障学术自由，简化行政流程、允许成员合理变更；而对团队的考核应高标准、严要求，考核主要内容可以包括团队目标、研究生培养、学科贡献（标志性成果）、课题申报、学科建设贡献，考核形式则要标准化、去行政化。指出团队建设的突破点主要有：整合团队成员目标形成合力、摆脱行政束缚、启动校长专门负责制。

团队负责人三认为，所在团队建成后跨学科现象明显，促进了学校学科建设，在学术和成员培养等方面取得了显著成绩。指出现存问题为：学校的职称评定束缚青年教师的成果产出；成员对团队的认可和归属感不足，参与被动。从而提出团队建设要注重三点：团队规模小一点、经费支持少一点、团队方向明确一点；认为跨学科合作能有效促进团队研究，但跨院或校的难度较大、必要性不强；建议调研没有参与科研项目和团队的青年教师现状，关注青年教师的个体需求，包括经费、科研动力、人际交往和成长发展等方面，对青年团队进行针对性、区别性支持；另外，建设研究平台、加强团队后续服务；团队考核则可以结合各个团队基本特征进行标准化评定。同时科研处也指出应加强团队间的交流、注重基础理论研究、重视转化产出。

团队负责人四认为，所在团队优点是允许负责人在课题研究范围内与成员产生思想冲突；强有力的激励机制有效提升了成员积极性；缺点是成员同时肩负着教学和科研任务，成员交流机会少、团队凝聚力不强。因此建议应细化团队研究方向；跨学科组队也应以课题研究性质决定，不能盲目；团队负责人则要民主，尊重成员研究兴趣；团队建设应同时注重青年教师发展和学生科研素质培养。同时指出，学校应给予团队有力的政策和完备的办公空间；完善激励机制，奖励和重点发展优秀的结项团队或成员；团队考核则应以最终目标为主。

团队负责人五总结认为，所在团队的成员互相帮助，跨学科研究拓宽了成员研究视野、深化了彼此研究、开拓了新的学术领域，公平的团队负责人起到了团队带头和推动作用，成员科研、写作等方面的得到提高,团队部分研究也已处于世界领先;然而仍存在的问题是:团队成员跨学院现象不明显,学科的交叉急需开放的交流平台,成员的性格、能力和科研项目性质等方面的差异使得成员融入团队的程度不同,成员贡献和成长幅度也具有明显差异。因此指出要区分科研管理与经费管理,使科研经费由过去僵硬的过程管理走向自由的结果管理,注重经费和科研的持续性,不要过多限制经费使用的时间、范围等;同时应注重基础研究并尊重不同学科研究工具、方法及其性质,不要片面跟风追逐热点、急于求成;强调研究院所平台打造、给予老师时间和空间进行科学研究、创新机制和政策、团队和成员后续发展等方面的重要性;认为团队考核不只要关注成果,也要关注成员成长和管理模式等方面。科研处也指出团队的建设应该追求科研方向的创新和发展而不仅是个人的成才和发展,允许科研的失败,给予更加灵活的考核方式,科研管理尊重科研成长和活动规律。

团队负责人六认为,所在团队在建立和人员组成等方面存在一些问题,主要是:行政导向明显,对某个问题没有形成合力进行集中的纵深研究,成员目标无法形成团队目标;成员均在本院。从而认为如能实现跨学院的合作可能更有利于寻找研究突破点;指出团队建设的关键影响因素是团队纵深的研究方向和对此方向有兴趣、能形成合力的成员;鼓励复合型跨学科甚至学院研究所的成立,由学术领军人物带头,内部无行政等级,外部支持则分级别、看潜力;建议团队建设应吸纳外校学术能力强劲的老师、完善科研设备和办公条件、支持基础性研究,考核则应关注团队成果及其影响力和解决实际问题的多少(如团队能够推出在国内或学界有影响力的年度报告)。

团队负责人七认为,所在团队的学生培养效果显著,存在问题是核心成员和外围成员并存,成果转化不足。建议基于较成熟的团队形成研究中心或研究院所,强调团队负责人领导力、选题生命力的重要性,团队考核则应关注科研成果与团队预期建设目标的匹配度。

团队负责人八总结认为,团队优点在于平常会对成员施行成果激励;缺点是校区和场地的限制使得非常重要的定期研讨难以开展。因此认为应设置科研岗争取研究的独立和自由,制定激励措施提高团队和成员的科研积极性,加强智库建设和科研工作的目标导向,体制机制的保障需要跟上时代步伐(如灵活的人事聘用制度,团队负责人可以有更多权限,引入访问学者或临时人员),科研成果评价、经费支持等方面也急需变革，强调扶持基础性和对国家有意义、符合学校发展的研究，团队选择和团队建设则应重视团队负责人学识和人格魅力、团队共同兴趣和准则、团队活动场地等资源的供给等方面。

团队负责人九认为，所在团队由于青年集中，职称评定、科研发展等现实问题导致团队内矛盾迭生和利益纠葛不清，场所和条件的限制使得定期交流难以展开，僵硬的科研经费管理也使得团队难以持续。因此建议，团队建设要关注学校相关激励性、扶持性政策支持和成员间性格的匹配。

团队负责人十认为，青年团队的建设有助于凝聚年轻人力量、发挥年轻人优势，学科的交叉也明细了学科方向，团队的力量使个体力量得到汇集而发挥到最大；建议指出要给予学科带头人充分的权力，并注重成员的个人发展意愿。

3.1.4　访谈总结

访谈是为了直观地了解各团队的发展情况、存在问题及负责人们对团队建设的建议。为此，本报告运用扎根理论的基本思想对访谈资料进行分析。在该过程中，首先选取被访者的典型语句，根据典型语句提取关键词，然后按照关键词的类别进行分类整理，进而得到我校青年科研创新团队的现实情况、存在问题和建设建议。

3.1.4.1　团队情况

（1）关键词提炼。

通过关键词提炼发现，访谈中绝大部分团队负责人指出自己的团队目标与学校发展目标基本匹配，在不同程度上促进了学校的学科发展；团队建设凝聚了年轻人的力量、发挥了年轻人的优势，使个体力量得到汇集，在学术成果和成员能力培养等方面也取得了显著成绩；团队负责人和部分团队成员通过该项科研激励制度得到了快速发展；部分研究方向和研究成果已经逐步凝练成为学校或学院学科发展的重点和新学科增长点；大多数团队借助学校的科研支持，申请成功了多项国家级、省部级重要课题；团队对我校的学生培养也发挥了较好作用，部分研究生甚至若干本科生在科研参与中得到了很好锻炼。如表 3 - 2 所示：

表 3 – 2　　　　　　　　　　团队情况访谈结果分析

典型语句描述	关键词提炼
团队方向与学校发展方向基本匹配，促进了学校学科发展	团队方向与学校发展方向匹配
团队发表了多本专著、诸多论文，成果申请多项国家级、省部级重要课题	学术成果
团队制定出台自己的管理建设办法	团队内部制度
研究方向和研究成果已逐步凝练成为学校或学院学科发展的重点和新学科增长点	明晰或产生新的研究方向、学科
成员科研、写作等能力得到提高，部分成员成为新的团队负责人	成员培养
培养了学生的科研素质	学生培养
团队成员跨学科	跨学科
团队成员跨学院	跨学院
团队成员跨学校	跨学校
团队建设凝聚了年轻人的力量、发挥了年轻人的优势，使个体力量得到汇集。	整合个体力量
成员互相帮助，合作紧密	合作

样本数：10 个。

（2）关键词词频分析。

表 3 – 3 和图 3 – 1 进一步对访谈的团队情况进行了关键词词频分析。可以看出，受访者在归纳团队情况时主要关注这几方面：学术成果的发表，成员跨学科性，成员培养，成员合作等。

表 3 – 3　　　　　　　　　团队情况访谈结果的归纳和分析

关键词	频数	频率	归纳和分析
团队方向与学校发展方向匹配	3	0.3	团队方向
学术成果	6	0.6	团队成果
制定团队制度	1	0.1	
明细研究方向	1	0.1	
产生新的、重点的学科	2	0.2	
成员培养	4	0.4	
学生培养	1	0.1	

关键词	频数	频率	归纳和分析
成员跨学科	6	0.6	成员结构
成员跨学院	1	0.1	
成员跨学校	1	0.1	
整合个体力量	2	0.2	团队建设效果
合作	4	0.4	成员关系

样本数：10个。

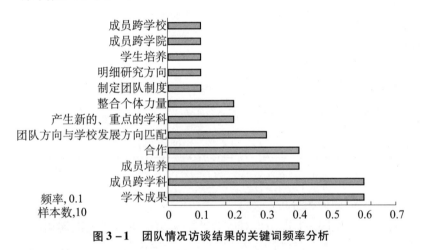

图 3 – 1　团队情况访谈结果的关键词频率分析

3.1.4.2　团队存在问题

（1）关键词提炼。

同时，团队也存在一些问题。通过关键词提炼发现，负责人普遍反映成员间的交流迫于活动场所和条件的限制，团队较松散、凝聚力不强；学术活动受到行政的干预和教学的束缚，分散了科研时间和精力，甚至成为研究活动的阻碍，导致科研效率低下；成员性格、能力、参与动机和科研项目性质等方面的差异使得融入团队的程度不同，核心成员和外围成员并存，成员贡献和成长幅度也具有明显差异，成员力量的整合面临挑战。部分负责人还提到学校职称评定的具体细则对青年教师的成果产出影响非常大，这些现实问题甚至直接导致团队内产生矛盾和利益的纠葛；僵硬的科研经费管理也使得团队难以持续化发展；由于最初组建的问题没有形成对某个问题集中的纵深研究合力，成员目标无法形成团

队目标，直接影响团队建设成效和成果的产出。如表3-4所示：

表3-4 团队存在问题访谈结果分析

典型语句描述	关键词提炼
团队研究方向无法集中	研究方向分散
政策性研究的动力不强	政策性研究动力弱
缺乏对外宣传	对外宣传缺乏
成员产出由于能力、性格、研究内容等原因具有差异	成员产出差异
成员参与性不强，团队松散，力量汇集不够	团队凝聚力不强
成员既担任教学任务又担任科研任务。	科研时间限制
校区和办公室限制成员交流机会	科研活动场限制
科研活动行政流程繁多	科研活动行政束缚
对成果的挖掘欠缺，成果转化程度不够	成果转化不足
团队3年期满就解散，持续性不强	团队可持续性差
经费管理制度僵硬，重过程	经费管理僵硬
无有效制度约束	制度约束缺乏
无有效的激励机制（内外部）	激励机制缺乏

样本数：10个。

（2）关键词词频分析。

通过对关键词进行词频分析，可以发现受访者在归纳团队存在问题时主要有这几点：团队凝聚力不强，团队可持续性差，经费管理和使用僵化，科研活动受行政和场地的束缚，激励机制缺乏，以及成员产出差异。如表3-5、图3-2所示。

表3-5 团队存在问题访谈结果的归纳和分析

关键词	频数	频率	归纳和分析
研究方向分散	2	0.2	研究方向
政策性方向的研究动力弱	1	0.1	
成员产出差异	4	0.4	成员产出
对外宣传缺乏	1	0.1	团队对外宣传
团队凝聚力不强	8	0.8	团队凝聚力

关键词	频数	频率	归纳和分析
科研时间限制	2	0.2	学术自由
科研活动场所限制	4	0.4	
科研活动行政束缚	5	0.5	
成果转化不足	1	0.1	成果转化
团队可持续性差	8	0.8	团队可持续
经费管理僵硬	5	0.5	经费管理
制度约束缺乏	1	0.1	制度机制
制度机制创新力不强	1	0.1	
激励机制缺乏	3	0.3	

样本数：10 个。

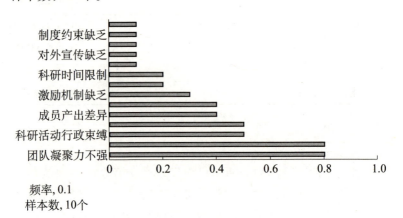

频率，0.1
样本数，10个

图 3 - 2　团队存在问题访谈结果的关键词频率分析

3.1.4.3　团队建设建议

（1）关键词提炼。

如表 3 - 6 的关键词提炼结果所示，各团队负责人结合自己带领团队的经验和思考，针对团队成长过程中的内部建设和外部管理纷纷提出了对策建议。

表 3 - 6　　　　　　　　　团队建设建议访谈结果分析

典型语句描述	关键词提炼	属性
研究方向选择相关领域中长期、前言、重大战略的问题	研究方向生命力	
团队研究方向要明确	研究方向明确	
研究方向是成员共同感兴趣的	研究方向成员吸引力	
研究方向要纵深，细化研究方向	深化研究方向	
成员目标汇集形成团队目标	汇集形成团队目标	
讲团队目标细分，若干小团队分别完成	细化团队目标	
团队和科研项目规模不应过大	团队规模适中	
团队带头人应民主，尊重成员的研究兴趣	团队负责人民主	
团队带头人应公平	团队负责人公平	
负责人与团队成员在课题研究范围内运行思想冲突	允许负责人与成员思想冲突	
团队领导者要有领导力	团队负责人领导力	
团队领导者要有学术能力	团队负责人学术能力	内部建设
团队领导者要有人格魅力	团队负责人人格魅力	
分析不同成员需求，了解他们的研究兴趣	成员需求	
注重成员性格匹配度	成员性格匹配度	
学院引进人才的时候，要充分地考虑团队需求	成员研究方向匹配度	
团队要有共同遵守的规则	团队规则	
事先承诺对优秀成果加倍奖励，提高成员积极性	内部激励制度	
重视青年教师发展	团队成员培养	
学生科研素质的培养	成员学生培养	
跨学科合作能有效促进团队研究，深化研究、明细学科方向，跨学院甚至学校的合作没有必要也难以实现	成员跨学科具有积极作用	
跨学科，也应以课题的研究性质决定，不能过于盲目	研究性质决定成员是否跨学科	
院校合作现象较少，但可能会更有利于寻找研究突破点	成员适当跨院校	
科研处扶持重点更加明确，扶持基础性研究	支持基础性研究	

续表

典型语句描述	关键词提炼	属性
尊重不同学科的研究工具、方法和性质	尊重学科特点	
科研工作的导向和目标需要加强	科研引导	
打造类似研究院所的科研平台，增强团队持续性	打造研究院所	
科研处代表学校统一管理团队，出台扶持政策	扶持政策	
给予青年团队区别性政策支持	青年团队政策支持	
制度保障"留人"	制定人才措施	
保障没有行政职务的团队负责人一定的权限	保障负责人权限	
允许雇佣一些访问学者和临时聘用人员。	人事聘用和变更灵活	
完善科研成果的评价机制	完善成果评价机制	
团队经费不由学校支持，可以以学校名义自己去筹集、争取，学校给予制度保障即可	制度保障、经费自筹	
以团队形式向学校申请项目，但经费直接分配到个人	成员经费使用权	
经费使用重结果，不限制花钱时间	经费使用时间自由	外部管理
团队要相对独立，有自主权，摆脱行政束缚	摆脱行政束缚	
简化学校行政流程，加强团队存在感	简化行政流程	
设置研究性专岗，保障科研人员的全身心投入	设置科研专岗	
设置助研岗位，协助科研	设置助研岗	
完善科研办公空间需求	科研场所完善	
有明晰的团队目标	团队目标清晰	
团队和学校学院的学科建设（实现学科目标，目标导向）	团队目标达成情况	
研究生培养	研究生培养	
学科贡献方面（标志性成果）	学科贡献	
课题申报情况	课题申报	
团队成员成长情况	团队成员成长	
科研成果（质量、数量等）	科研成果	
团队经费使用情况	团队经费使用	
管理模式	管理模式	
考核形式标准化、去行政化	考核形式灵活	
考核要高变准、严要求	考核要求高	
考核标准则在团队及其研究特征的基础上进行细致化评定。	考核标准符合团队和研究特征	

样本数：10个。

在内部管理方面，团队负责人纷纷指出，团队研究方向要明确、细化并有纵深性；团队目标要有生命力，是成员感兴趣的，能够整合个体目标；团队负责人要有一定的人格魅力、领导力、学术能力、组织能力等；团队氛围要融洽，可以有适当的观点冲突；要关注青年教师的个体需求和发展意愿，包括科研动力、人际交往和成长发展等需求；同时成员间的交流非常重要，要注重成员间的性格匹配度；有效的激励措施如成果激励也能更好地激发成员的科研积极性。

部分负责人指出：以团队名义发表报告和重要研究等标志性成果，使团队走向全国、服务社会，可以提高团队在全国甚至全球的影响力；团队规模要小；团队要有共同遵守的规则；促进团队成长的同时也应重视青年教师发展和学生科研素质的培养。

而团队成员、团队研究方向是否应该跨学科、跨学院甚至跨学校，各负责人观点各异。大部分认为跨学科合作能有效促进团队研究，能够拓宽成员研究视野、深化研究、明细学科方向、开拓新的学术领域，而跨学院甚至学校的合作没有必要也难以实现；有的认为即使是跨学科，也应以课题的研究性质决定，不能过于盲目。为了跨而跨，比如，专且精的研究就适合在学科内进行深化研究；而有的却认为虽然跨院校合作的现象比较少，但是可能会更有利于寻找研究的突破点。

针对目前科研管理的现状，负责人也提出了自己的看法和建议。

首先是在团队的研究方向上，要支持基础性研究和对国家有意义、符合学校发展目标的研究，尊重不同学科的研究工具、方法和性质，不要急于求成或片面跟风追逐热点。

外部支持方面。负责人指出要创新各方面的机制和体制，给予更大的政策支持，如使教学和研究分开，设置独立科研岗或配备助研岗，简化行政流程，以此保障学术的自由；制定相关激励性、扶持性的政策，给予优秀人才一定的优惠措施和制度保障，以此留住人才、促进人才的成果产出；人事聘用和变更也应更加灵活，以适应团队的需要、社会的发展；部分负责人还指出要针对青年团队特点，进行针对性、区别性的支持。同时硬件也要跟上，提高科研设备和办公条件、提供固定的科研活动场所。

经费管理方面。负责人指出目前团队经费管理僵化，需要从过程管理走向结果管理，不要过多强调和限制经费使用的时间、范围等，注重经费使用的可持续。部分学制指出，可以适当将子课题经费的支配权直接给相关成员；经费可以少一点但针对性要强；甚至可以只给政策和名号，给团队自筹经费的权力，以此推动团队科研的自由和创新。

团队的未来发展或后续服务方面。负责人认为科研处可以着力于智库建设，建成类似研究所的科研平台，给予平台负责人更大的经费使用、人事聘用等权限，强化科研和团队的持续性，甚至研究所是可以跨学科或学院的。

团队考核方面。负责人纷纷从考核内容、考核形式、考核标准制定等方面提出自己的建设性建议。认为团队考核应高标准、严要求；考核内容应主要从团队目标以及是否达成、学科贡献（标志性成果）、学科建设贡献、科研成果（包括成果的数量、质量、影响力和解决实际问题的多少、与目标的匹配度等）、经费使用、成员成长、研究生培养、课题申报、管理模式等方面进行考察；考核形式要灵活，标准化、去行政化；而具体的考核标准则应在团队及其研究特征的基础上进行细致化评定。

也有负责人针对科研成果的评价和认定、产出和转化等方面进行了探讨，认为应该进行适应时代变化的改革。

（2）关键词词频分析

我们进一步对关键词进行了分析和排序，从表3-7和图3-3可以看出，受访者给出的团队建设建议的主题词主要有以下几个：设置研究所，制定相应的扶持政策，考察团对目标的达成情况，科研场所完善，团队成员可跨学科，设置团队激励制度，重点支持基础性研究，摆脱行政束缚，简化行政流程，经费自筹和经费使用时间自由，考虑成员需要。

表3-7　　　　　　　团队建设建议访谈结果归纳与分析

关键词提炼	频数	频率	归纳与分析	属性
研究力向生命力	1	0.1	研究方向	内部建设
研究方向明确	1	0.1		
研究方向成员吸引力	1	0.1		
深化研究方向	2	0.2		
汇集形成团队目标	2	0.2	团队目标	
细化团队目标	1	0.1		
团队规模适中	2	0.2	团队规模	

续表

关键词提炼	频数	频率	归纳与分析	属性
团队负责人民主	2	0.2	团队负责人	内部建设
团队负责人公平	1	0.1		
允许负责人与成员思想冲突	1	0.1		
团队负责人领导力	1	0.1		
团队负责人学术能力	1	0.1		
团队负责人人格魅力	1	0.1		
成员需求	4	0.4	成员需求	
成员性格匹配度	2	0.2	成员匹配度	
成员研究方向匹配度	1	0.1		
团队规则	1	0.1	内部规范	
团队激励制度	4	0.4		
团队成员培养	2	0.2	成员培养	
成员学生培养	1	0.1		
成员跨学科具有积极作用	5	0.5	成员跨学科、学院、学校	
研究性质决定成员是否跨学科	2	0.2		
成员适当跨院校	1	0.1		
支持基础性研究	4	0.4	支持方向引导	外部管理
尊重学科特点	1	0.1		
科研引导	1	0.1		
打造研究院所	9	0.9	科研平台打造	
扶持政策	5	0.5	政策支持	
青年团队政策支持	2	0.2		
制定人才措施	2	0.2	制度保障	
保障负责人权限	1	0.1		
人事聘用和变更灵活	2	0.2		
完善成果评价机制	1	0.1		
制度保障、经费自筹	4	0.4	经费管理	
成员经费使用权	2	0.2		
经费使用时间自由	4	0.4		

续表

关键词提炼	频数	频率	归纳与分析	属性
摆脱行政束缚	5	0.5	给予学术自由	外部管理
简化行政流程	4	0.4		
设置科研专岗	1	0.1		
设置助研岗	1	0.1		
科研场所完善	5	0.5	硬件设施支持	
团队目标清晰	2	0.2	考核内容	
团队目标达成情况	6	0.6		
研究生培养	1	0.1		
学科贡献	2	0.2		
课题申报	1	0.1		
团队成员成长	2	0.2		
科研成果	4	0.4		
团队经费使用	2	0.2		
管理模式	1	0.1		
考核形式灵活	1	0.1	考核形式	
考核要求高	1	0.1		
考核标准符合团队和研究特征	2	0.2	考核标准	

样本数：10个。

3.1.5　访谈小结及下一阶段的工作

中央财经大学青年科研创新团队扶持计划下，各青年团队建设成效卓著，但也不乏存在一些问题，而负责人提出的对策建议更具有对未来团队建设的启发意义。

活动场所和条件的限制成为阻碍成员交流、团队发展的普遍问题，行政的干预和教学的束缚、职称评定标准细则、僵硬的经费管理等方面也影响着团队建设。之后的团队建设应着力于解决这些问题，在软硬件支持、经费管理、后续服务、成果认定和转化、激励考核机制等方面需要进一步完善或改革。

而具体要如何改；团队应具备怎样的方向和目标，其与学校及个体

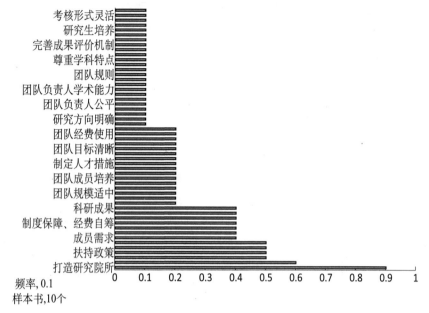

图 3 – 3　团队建设建议访谈结构关键词频率分析

方向和目标间又具有怎样的关系；团队负责人应具备哪些具体的能力；团队成员间价值观、性格、研究方向等方面的匹配度对团队建设有怎样的影响；需不需要关注成员的个体兴趣和需求；需不需要有共同遵守的团队规则；需要不需要重视学生的科研素质培养；怎样的团队规模比较合适；如何提高团队在全国甚至全球的影响力；团队到底应不应该跨学科、跨学院，甚至跨校、跨国界等。诸如此类问题，则需要进一步的研究才能得到证实，包括对本校团队负责人及其成员进行深入访谈，对其他高校青年科研创新团队进行调研借鉴，同时还要结合大量问卷的数据分析。

3.2　高校协同创新的问卷调查研究

为更好地了解高校协同创新影响因素以及这些因素作用机理，本研究在文献综述、个案分析、专家访谈等基础上编制了《团队建设满意度调查》《团队建设绩效考核调查》以及《团队建设意愿调查》量表，并选择中央财经大学的第一、第二、第三期青年科研创新团队成员（包括负责人和普通成员）进行了问卷调查，获得了一手的调查资料。本次问卷的调查对象为中央财经大学第一、第二、第三期的团队负责人及其成员。调查通过问卷星共发放问卷123份，经过问卷整理，有效问卷为123份。

通过对调查阶段的问卷结果进行初步描述性统计分析，以此揭示基本的调查结果，结合前期文献研究和个案研究等内容，以期对团队建设现状和未来发展展望提供帮助。

3.2.1 调查设计

（1）量表设计的专业访谈。

任何一项研究都是原始资料、现有理论和研究者本人知识三者之间及循环往复又交错作用的互动过程（陈向明，1996）。访谈是收集一手资料和对文献研究的有力补充，也是验证和特征研究者本人研究假设、理论的过程。为了更好地了解青年创新团队建设现状及其影响因素，笔者利用参与中央财经大学科研处委托课题"中央财经大学青年科研创新团队建设问题调查"的机会，先后进行了长达2个月的专业访谈，访谈的对象包括团队负责人、团队成员和科研管理者等。

（2）访谈设计。

本研究为了获得一份有效的调查问卷，根据从文献中整理出来的测量条目，结合研究对象和研究内容的特点，设计了针对青年科研创新团队建设的专业访谈提纲，从不同的对象那里获知影响青年科研创新团队建设的关键因素，并与文献研究结果相比较。访谈目的在于考察本研究所使用的变量及其测量题目的有效性，考察关键影响因素是否与本研究的构想一致，以及测量条目是否涵盖相应变量的内涵。专业访谈提纲和题目参考附件内容。

3.2.2 调查数据分析

3.2.2.1 个人基本情况调查统计与分析

（1）人口统计学变量的调查统计与分析。

人口统计学变量是重要的背景资料，在本研究当中包括团队身份、性别、婚姻状况、有无子女、年龄、学历、导师类型7个方面。

全部样本的人口统计学变量统计表和部分统计见表3-8：

表 3 – 8 样本人口统计学变量描述性统计

项目	类别	人数	百分比（%）	累计百分比（%）
团队身份 N = 123	团队负责人	43	34.96	34.96
	团队成员	80	65.04	100.0
性别 N = 123	男	77	62.60	53.0
	女	46	37.40	100.0
婚姻状况 N = 123	已婚	104	84.55	84.55
	未婚	19	15.45	100.0
子女 N = 104	有	78	75.00	75.00
	无	22	21.15	96.15
	空	4	3.85	100.0
年龄 N = 123	25 岁以下	0	0	0
	26 – 30 岁	16	13.01	13.01
	31 – 35 岁	33	26.83	39.84
	36 – 40 岁	44	35.77	75.61
	41 岁以上	30	24.39	100.0
学历 N = 123	专科	0	0	0
	本科	0	0	0
	硕士	6	4.83	4.83
	博士	117	95.12	100.0
导师类型 N = 123	硕士研究生	72	58.54	58.54
	博士研究生	20	16.26	75.80
	不担任	31	25.20	100.0

从对人口统计学变量的分析可以看出，在所调查的团队成员中，负责人和普通成员比例为 1：2，如图 3 – 4 所示；男女比例也基本呈现出 2：1 的态势，男性参与团队人数明显多于女性，如图 3 – 5 所示；已婚者占了绝大多数，未婚仅占 15%，如图 3 – 6 所示；而在这 104 位已婚者中，大多数成员有自己的子女，只有 21.15% 的明确表示没有，另外 3.85% 放弃作答；年龄结构来看，成员年龄均在 25 岁以上，31 ~ 40 岁的人数较多，占 62.6%，如图 3 – 8 所示；学历方面拥有博士学位的有 95.12%，硕士学位的仅占 4.88%，如图 3 – 7 所示；且 75.80% 的成员担任硕博士导师，总体学位层次非常高，是科研团队的典型特征，如图 3 – 9 所示。

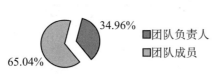

图 3-4　调查样本的身份比例

图 3-5　调查样本的性别比例

图 3-6　调查样本的婚姻状况比

图 3-7　调查样本的学历比例

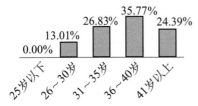

图 3-8　调查样本的年龄比例

图 3-9　调查样本的导师类型比例

（2）工作状况调查统计与分析。

工作状况考察了团队成员当前职称、工作职责、正在或参与的课题数量、专业方向、研究方向、最终学位授予院校、所在院系 8 个基本方面，这些是了解中央财经大学青年科研创新团队建设的重要背景资料。其描述统计分析状况如表 3-9 所示：

表 3-9　　　　　　　样本工作状况变量描述统计分析

项目	类别	人数	白分比（%）	累计白分比（%）
职称 N = 123	正高级	41	33.33	33.33
	副高级	56	45.53	78.86
	中级	25	20.33	99.19
	初级	0	0	99.19
	无职称	1	0.81	100.0

项目	类别	人数	百分比（%）	累计百分比（%）
科研外兼职① N = 123	教学	105	85.37	
	管理	34	27.64	
	社会兼职	26	21.14	
	其他	5	4.07	

从以上描述统计来看，样本的副高级职称最多，占45.53%，正高级其次，占大约33.33%，中级则在20.33%左右，而只有0.81%的成员目前无职称，如图3-10所示；专业方向和研究方向主要是经济、管理方面的人文社会学科；成员最终学位授予院校以国际国内知名院校为主；而除科研外，85.37%的成员指出还在从事教学工作，而表示从事管理工作和社会兼职的则相对较少，如图3-11所示。

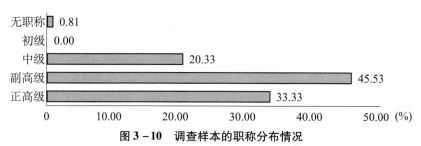

图3-10　调查样本的职称分布情况

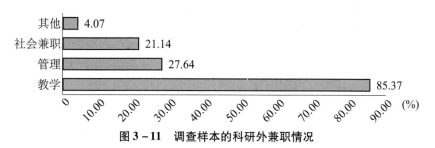

图3-11　调查样本的科研外兼职情况

（3）参加团队动机调查统计与分析。

对于参加团队动机的调查有利于了解成员参与青年科研创新团队的动机，从而改善参与环境，其统计分析表如表3-10：

---

① 此题问卷为多选题，多选题无法统计累计百分比。

表 3 - 10   样本参与团队动机描述统计分析

项目	类别	人数	百分比（%）
参与团队原因 * N = 123	增加获取课题的机会	46	37.40
	获取合作伙伴	84	68.69
	增加收入	9	7.32
	创新兴趣	98	79.67
	与团队负责人关系好	27	21.95
	职称晋升机会	10	8.13
	其他	9	7.32

注：* 此题问卷为多选题，多选题无法统计累计百分比。

从对科研动机的分析来看，成员参与团队最主要的动机来自于创新兴趣和获取合作伙伴，分别为 79.67% 和 68.69%，增加获取课题机会、与团队负责人关系良好、职称和职位晋升的需要和增加收入等则作为相对不重要的动机因素。详细情况如图 3 - 12 所示：

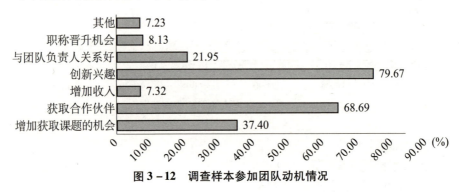

图 3 - 12   调查样本参加团队动机情况

3.2.2.2   团队建设现状调查统计与分析

团队建设现状调查部分主要包括学术交流频率、成员活动出席率、团队成员缺乏类型、团队曾遭遇的最大问题、成员合作的论文和课题数量、成员投入团队时间、经费开支明细以及团队建设面临问题 9 个方面，从而使团队现状更加直观地得以呈现，帮助本研究了解团队建设现状并为后期的团队建设提供有效启示。其统计分析如表 3 - 11 所示：

表 3 – 11　　　　　　　样本团队建设现状描述统计分析

项目	类别	人数	百分比（%）	累计百分比（%）
学术交流频率 N = 123	每周	22	17.89	17.89
	半个月左右	30	24.39	42.28
	一个月左右	30	24.39	66.67
	1 ~ 2 个月	24	19.51	86.18
	2 个月以上	17	13.82	100
活动出席率 N = 123	80 ~ 100	73	59.35	59.35
	80 左右	41	33.33	92.68
	60 ~ 70	9	7.32	100
	50 ~ 60	0	0	0
	低于 50	0	0	0
缺乏成员类型① N = 123	将团队决策、想法转化为行动的执行者	54	43.90	
	善于提出不同观点和意见的创新者	50	40.65	
	勇于提出批评者	43	34.96	
	有威望的学术领头人	34	27.64	
	其他	9	7.32	
遭遇问题② N = 123	分工不均	9	7.32	
	经费不足	33	26.83	
	研究方向不一致	52	42.28	
	沟通不足	32	26.02	
	成员积极性不高	20	16.26	
	信息获取困难	26	21.14	
	其他	18	14.63	
合作论文 N = 123	无	29	23.58	23.58
	1 ~ 2 篇	54	43.90	67.48
	3 ~ 4 篇	23	18.70	86.18
	5 ~ 6 篇	8	6.50	92.68
	7 篇以上	9	7.32	100
合作课题 N = 123	无	9	7.32	7.32
	1 ~ 2 项	72	58.54	65.86
	3 ~ 4 项	30	24.39	90.25
	5 ~ 6 项	7	5.69	95.94
	7 项以上	5	4.07	100

续表

项目	类别	人数	百分比（%）	累计百分比（%）
投入时间保证 N = 123	完全保证	84	68.29	68.29
	一般	39	31.71	100
	不能保证	0	0	0
经费收支明细 N = 123	每一笔收支都会	34	27.64	27.64
	做一个大概明细	59	47.97	75.61
	不做明细，口头大致告诉成员	24	19.51	95.12
	不告诉成员	6	4.88	100

注：①此题问卷为多选题，多选题无法统计累计百分比。
　　②此题问卷为多选题，多选题无法统计累计百分比。

各团队学术交流频率从每周一次到 2 个月以上一次的都有，且没有明显差异，占比均在 20% 左右，如图 3 - 13 所示；成员普遍表示自己的活动出席率较高，基本能保持在 80 ~ 100% 这个区间，有 59.35%，绝大部分成员的出席率也在 80% 左右，为 33.33%，而 50% 及其以下的没有，如图 3 - 14 所示；68.29% 的成员表示能完全保证投入团队时间，31.71% 的表示一般基本能保证，而没有出现表示自己不能保证时间的成员，如图 3 - 19 所示；成员间合作论文的数量基本为 1 ~ 2 篇，占 43.90%，其次是 3 ~ 4 篇，占 18.70%，如图 3 - 17 所示；而合作课题也以 1 ~ 2 项为主，占 58.54%，7 项以上的最少，只有 4.07%，如图 3 - 18 所示；他们认为团队中较缺乏的成员类型是"善于提出不同观点和意见的创新者"和"勇于提出批评者"，占比分别为 43.90% 和 40.65%，而"有威望的学术领头人"居于次要缺乏地位，如图 3 - 15 所示；接近一半的成员表示团队遭遇到的最大问题是研究方向的不一致，为 42.28%，26.02% 认为是沟通不足、21.14% 认为是信息获取困难，16.26% 认为是成员积极性不高，而另有 14.63% 的成员选择了其他因素，如图 3 - 16 所示；在经费收支明细方面，近一半的成员表示团队建设经费会做一个大概的收支明细并告之成员，为 47.97%，每一笔收支都告知的占 27.64%，而不做明细只是口头大概告知的占 19.51%，也有成员指出团队收支明细没有告知过成员，为 4.88%，如图 3 - 20 所示。

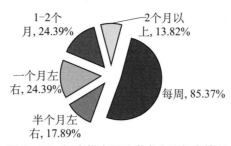

图 3 - 13　调查样本团队学术交流频率情况

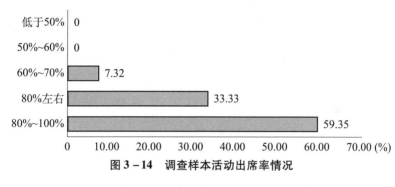

图 3 - 14　调查样本活动出席率情况

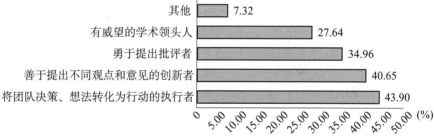

图 3 - 15　调查样本团队缺乏成员类型

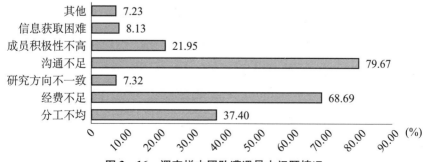

图 3 - 16　调查样本团队遭遇最大问题情况

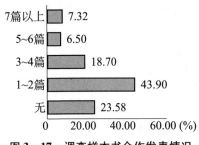

图3-17　调查样本书合作发表情况

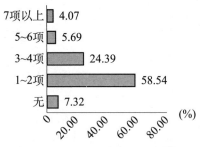

图3-18　调查样本合作课题情况

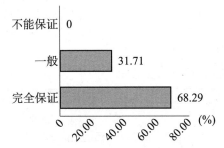

图3-19　调查样本投入团队时间保证情况

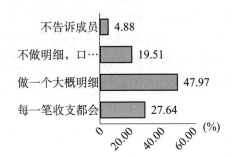

图3-20　调查样本团队经费收支告知情况

3.2.2.3　团队建设发展意愿调查统计与分析

团队建设发展意愿调查包括理想成员数量、理想支持年限、成员素质组合、科研支持服务、是否期中考核和优秀团队支持服务7个方面。如表3-12所示：

表 3-12　　　　　　样本团队发展意愿描述统计分析

项目	类别	人数	百分比（%）	累计百分比（%）
团队规模 N = 123	3 ~ 5	67	54.47	54.47
	6 ~ 8	50	40.65	95.12
	9 ~ 11	5	4.07	99.19
	12 ~ 14	1	0.81	100
	14 以上	0	0	0
支持年限 N = 123	2 ~ 3 年	35	28.46	28.46
	4 年	32	26.02	54.48
	5 年	43	34.96	89.44
	5 年以上	12	9.76	99.20
	其他	1	0.81	100
成员素质① N = 123	创新兴趣	101	82.11	
	良好的沟通能力	88	71.54	
	团队意识	106	86.18	
	责任感	87	70.73	
	科学精神	76	61.79	
	研究能力	104	84.55	
	其他	2	1.63	
最需要的服务 N = 123	更多的经费	26	21.14	21.14
	科研信息	14	11.38	32.52
	学术交流活动	21	17.07	49.59
	便捷的科研场所	56	45.53	95.12
	其他	6	4.88	100
是否期中考核 N = 123	应该	88	71.54	71.54
	不应该	35	28.46	100
对优秀和突出② 团队的支持 N = 123	继续给予经费支持	101	82.11	
	鼓励成立研究院、所或中心	55	44.72	
	加大对外宣传	17	13.82	
	给予研究生招生专业和数量政策倾斜	39	31.71	
	改善科研场所、设备等	76	61.79	
	不再支持	2	1.63	
	推荐申报更高层次课题	42	34.15	
	其他	0	0	

注：①②此题问卷为多选题，多选题无法统计累计百分比。

超过一半的被调查对象认为团队中成员数量 3~5 人比较合适，占 54.47%，6~8 人也成为一个不错的选择，占 40.65%，如图 3-21 所示；较多的成员表示团队支持年限应为 5 年，占 34.96%，认为 2~3 年的占 28.46%，认为支持 4 年的占 26.02%，如图 3-22 所示；成员普遍指出团队意识、研究能力和创新兴趣是成员应具备的重要素质，分别占比 86.18%、84.55% 和 82.11%，而良好的沟通能力、责任感和科学精神紧随其后，分别为 71.54%、70.73% 和 61.79%，如图 3-23 所示；便捷的科研场所成为调查对象普遍认为比较重要的科研支持服务，占 45.53%，其次更多的经费、学术交流活动和科研信息也比较重要，分别为 21.14%、17.07%、11.38%，如图 3-24 所示；而 71.54% 的成员认为应该对团队实施期中考核，如图 3-25 所示；在学校应对验收优秀和成绩突出的科研创新团队给予哪些支持方面，继续给予经费支持被认为是最重要的，占 82.11%，认为应改善科研场所和设备的占 61.79%，鼓励成立研究院、所或中心的占 44.72%，其他如推荐申报更高层次课题、给予研究生招生专业和数量政策倾斜以及加大对外宣传部分分别占 34.15%、31.71% 和 13.82%，也有成员指出可以不再支持，占 1.63%，如图 3-26 所示。

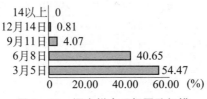

图 3-21 调查样本理想团队规模

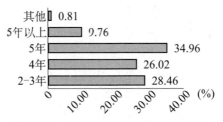

图 3-22 调查样本理想团队支持年限

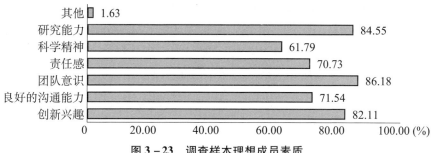

图 3 - 23　调查样本理想成员素质

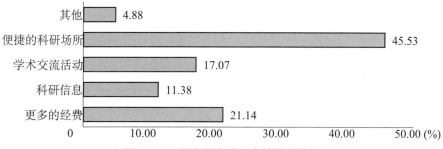

图 3 - 24　调查样本希望支持服务情况

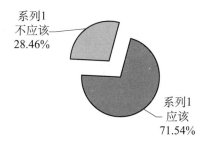

图 3 - 25　调查样本团队是否实施期中考核比例

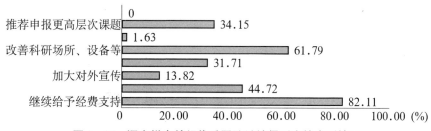

图 3 - 26　调查样本希望优秀团队继续得到支持类型情况

3.2.2.4　团队考核主体与考核内容调查

青年科研创新团队建设的考核内容与考核主体重要性调查有助于帮助我们认识团队成员心目中的考核主体与内容项目的重要程度，对如何考核团队提供了有益启示，调查结果如表 3-13 所示：

表 3-13　青年科研创新团队建设考核内容与考核主体重要性调查结果

题目 \ 选项	非常不重要	比较不重要	一般	比较重要	非常重要
学校支持经费的使用情况	7 (5.69%)	13 (10.57%)	43 (34.96%)	33 (26.83%)	27 (21.95%)
获取学校支持之外的经费	10 (8.13%)	20 (16.26%)	41 (33.33%)	30 (24.39%)	22 (17.89%)
清晰的团队目标与建设方案	2 (1.63%)	3 (2.44%)	15 (12.2%)	42 (34.15%)	61 (49.59%)
研究成果的数量	2 (1.63%)	7 (5.69%)	16 (13.01%)	61 (49.59%)	37 (30.08%)
研究成果的经济和社会效益	4 (3.25%)	8 (6.5%)	30 (24.39%)	46 (37.4%)	35 (28.46%)
研究成果转化	5 (4.07%)	9 (7.32%)	41 (33.33%)	39 (31.71%)	29 (23.58%)
论文和著作被引用的次数	0 (0%)	8 (6.5%)	26 (21.14%)	59 (47.97%)	30 (24.39%)
培养研究生数量	1 (0.81%)	9 (7.32%)	54 (43.9%)	41 (33.33%)	18 (14.63%)
团队成员的成长满意度	1 (0.81%)	4 (3.25%)	14 (11.38%)	58 (47.15%)	46 (37.4%)
团队内部组织的学术交流情况	1 (0.81%)	5 (4.07%)	11 (8.94%)	65 (52.85%)	41 (33.33%)
团队参与外部学术交流情况	1 (0.81%)	4 (3.25%)	22 (17.89%)	60 (48.78%)	36 (29.27%)
能够凝练出新的学科方向	2 (1.63%)	5 (4.07%)	12 (9.76%)	43 (34.96%)	61 (49.59%)
涌现国内外有较大影响的成员	1 (0.81%)	4 (3.25%)	16 (13.01%)	53 (43.09%)	49 (39.84%)
培育出新的团队或领军人才	2 (1.63%)	4 (3.25%)	12 (9.76%)	47 (38.21%)	58 (47.15%)
成员提供的各类社会服务	6 (4.88%)	7 (5.69%)	45 (36.59%)	48 (39.02%)	17 (13.82%)
获取的荣誉和奖励	2 (1.63%)	10 (8.13%)	45 (36.59%)	49 (39.84%)	17 (13.82%)
由学校科研处负责考核	5 (4.07%)	17 (13.82%)	38 (30.89%)	41 (33.33%)	22 (17.89%)
聘请校内外同行专家考核	5 (4.07%)	12 (9.76%)	31 (25.2%)	55 (44.72%)	20 (16.26%)
引入独立的第三方评价机构	7 (5.69%)	20 (16.26%)	39 (31.71%)	39 (31.71%)	18 (14.63%)
实行团队成员的自我考核	4 (3.25%)	13 (10.57%)	41 (33.33%)	45 (36.59%)	20 (16.26%)

由 stata 统计分析来看，考核内容部分均值分布范围在 3.3～4.3 之间，各项指标的均值分布相对不集中，其中，认为"获取学校支持之外的经费（3.276423）"相比于其他指标重要程度较低。"清晰的团队目标与建设方案（4.276423）"与"能够凝练出新的学科方向（4.268293）"则明显重要。"学校科研处""校内外同行专家""独立

第三方评价机构"与"团队成员"四个考核主体的均值在整个指标体
系中，重要程度相对较低。所有考核内容及考核主体指标的波动情况都
在 1 左右徘徊，对于经费、研究成果的社会经济效益和转化情况，以及
考核主体上，波动较大，均大于 1。说明调查对象对此的看法相差较
大，如表 3 - 14 所示。

表 3 - 14　青年科研创新团队建设考核内容与考核主体重要性调查分析

	量表项目	有效样本量	最小值	最大值	上四分位数	下四分位数	均值	标准差
1	学校支持经费的使用情况	123	1	5	5	1	3.487 805	1.118 883
2	获取学校支持之外的经费	123	1	5	5	1	3.276 423	1.175 577
3	清晰的团队目标与建设方案	123	1	5	5	2	4.276 423	0.889 840 8
4	研究成果的数量	123	1	5	5	2	4.008 13	0.900 782 3
5	研究成果的经济和社会效益	123	1	5	5	2	3.813 008	1.027 089
6	研究成果转化	123	1	5	5	2	3.634 146	1.050 123
7	论文和著作被引用的次数	123	2	5	5	2	3.902 439	0.843 632 2
8	培养研究生数量	123	1	5	5	2	3.536 585	0.861 686 1
9	团队成员的成长满意度	123	1	5	5	2	4.170 732	0.816 904 6
10	团队内部组织的学术交流情况	123	1	5	5	2	4.138 211	0.802 916 8
11	团队参与外部学术交流情况	123	1	5	5	2	4.024 39	0.824 456 3
12	能够凝练出新的学科方向	123	1	5	5	2	4.268 293	0.915 021 9
13	涌现国内外有较大影响的成员	123	1	5	5	2	4.178 862	0.839 911 4
14	培育出新的团队或领军人才	123	1	5	5	2	4.260 163	0.885 561 8
15	成员提供的各类社会服务	123	1	5	5	1	3.512 195	0.969 754 5
16	获取的荣誉和奖励	123	1	5	5	2	3.560 976	0.888 416 7
17	由学校科研处负责考核	123	1	5	5	1	3.471 545	1.066 058
18	聘请校内外同行专家考核	123	1	5	5	1	3.593 496	1.006 841
19	引入独立的第三方评价机构	123	1	5	5	1	3.333 333	1.091 447
20	实行团队成员的自我考核	123	1	5	5	1	3.520 325	0.994 654 5

3.2.2.5　团队建设影响因素重要性调查

团队建设影响因素主要包括团队规模、结构、方向、成员关系、经
费使用等各方面，较全面地考察了团队成员在团队经验中所感悟到的、

对团队建设具有突出影响的因素，如表3－15所示。

表3－15　　　青年科研创新团队建设影响因素重要性调查结果

题目＼选项	非常不重要	比较不重要	一般	比较重要	非常重要
团队规模适当	1（0.81%）	5（4.07%）	16（13.01%）	70（56.91%）	31（25.2%）
团队各成员的专业结构符合需要	0（0%）	3（2.44%）	12（9.76%）	64（52.03%）	44（35.77%）
团队成员的职称结构有一定层次性	3（2.44%）	7（5.69%）	31（25.2%）	55（44.72%）	27（21.95%）
团队成员有一定的研究经历和研究基础	1（0.81%）	3（2.44%）	8（6.5%）	61（49.59%）	50（40.65%）
团队成员的研究方向与团队目标相匹配	1（0.81%）	2（1.63%）	8（6.5%）	56（45.53%）	56（45.53%）
团队科研课题有较大价值和意义	0（0%）	4（3.25%）	10（8.13%）	63（51.22%）	46（37.4%）
团队建设目标与学校或学院学科目标相匹配	2（1.63%）	4（3.25%）	21（17.07%）	67（54.47%）	29（23.58%）
团队建设有清晰和具体的目标	0（0%）	3（2.44%）	12（9.76%）	49（39.84%）	59（47.97%）
团队成员的研究任务分配清晰、合理	1（0.81%）	4（3.25%）	8（6.5%）	59（47.97%）	51（41.46%）
科研活动不受行政干扰	0（0%）	4（3.25%）	7（5.69%）	40（32.52%）	72（58.54%）
团队成员之间互相信任和帮助	1（0.81%）	3（2.44%）	3（2.44%）	49（39.84%）	67（54.47%）
团队成员联系比较密切	0（0%）	3（2.44%）	12（9.76%）	50（40.65%）	58（47.15%）
团队建设经费的分配和使用合理、规范	0（0%）	3（2.44%）	10（8.13%）	70（56.91%）	40（32.52%）
团队负责人有较好的团队管理能力	0（0%）	3（2.44%）	3（2.44%）	56（45.53%）	61（49.59%）
团队负责人有较好的人格魅力	1（0.81%）	3（2.44%）	12（9.76%）	65（52.85%）	42（34.15%）
团队负责人有较强的社会影响力	2（1.63%）	4（3.25%）	22（17.89%）	72（58.54%）	23（18.7%）
团队负责人有较好的研究经历和研究基础	1（0.81%）	3（2.44%）	4（3.25%）	57（46.34%）	58（47.15%）
团队定期举办学术交流活动	1（0.81%）	2（1.63%）	11（8.94%）	65（52.85%）	44（35.77%）
学校有科学合理的科研团队选拔机制	1（0.81%）	4（3.25%）	4（3.25%）	60（48.78%）	54（43.9%）
学校给予的建设经费较为充足	1（0.81%）	3（2.44%）	6（4.88%）	44（35.77%）	69（56.1%）
学校的团队建设考核办法有利于团队科研创新	1（0.81%）	3（2.44%）	5（4.07%）	59（47.97%）	55（44.72%）

题目＼选项	非常不重要	比较不重要	一般	比较重要	非常重要
学校能够提供便捷的科研设施和场所	1（0.81%）	3（2.44%）	3（2.44%）	49（39.84%）	67（54.47%）
科研资讯可以通过学校便捷地获取	2（1.63%）	7（5.69%）	11（8.94%）	55（44.72%）	48（39.02%）
科研经费使用的财务报销方便、简单	2（1.63%）	2（1.63%）	2（1.63%）	34（27.64%）	83（67.48%）

由以下表 3－16 的 stata 操作分析结果可以看出，上述各个测量指标对青年科研创新团队建设的影响都很大，均值皆在 3.78 以上。但是每个具体指标的影响程度又存在一定差异。对于"团队成员的职称结构有一定层次性（3.780 488）""团队建设目标与学校或学院学科目标相匹配（3.951 22）""团队负责人有较强的社会影响力（3.894 309）"三个指标影响青年科研创新团队建设的重要程度比其他指标相对较低。然而"学校给予的建设经费较为充足（4.760 899 7）"和"科研经费使用的财务报销方便、简单（4.577 236）"这两个指标对青年科研创新团队建设的影响重要程度相比于其他指标较高。而这两个指标属于外部支持，说明外部支持对青年科研创新团队建设的影响较明显。对于这些指标的波动情况，用标准差进行测量，整体来看，指标波动较小，都未超过 1。每个具体指标之间又存在着差异，"团队建设经费的分配和使用合理（0.685 428 4）""团队负责人有较好的团队管理能力（0.665 399 3）"波动相对于其他指标较小；"科研资讯可以通过学校便捷地获取（0.917 276 8）""团队成员的职称结构有一定层次性（0.936 829 2）"波动相对于其他指标较大。

表 3－16　　　　青年科研创新团队建设影响因素重要性调查分析

	量表项目	有效样本	最小值	最大值	上四分位数	下四分位数	均值	标准差
1	团队规模适当	123	1	5	5	2	4.016 26	0.789 103 5
2	团队各成员的专业结构符合需要	123	2	5	5	2	4.211 382	0.715 771 2
3	团队成员的职称结构有一定层次性	123	1	5	5	2	3.780 488	0.936 829 2
4	团队成员有一定的研究经历和研究基础	123	1	5	5	2	4.268 293	0.758 267 8

续表

	量表项目	有效样本	最小值	最大值	上四分位数	下四分位数	均值	标准差
5	团队成员的研究方向与团队目标相匹配	123	1	5	5	3	4.333 333	0.742 908 2
6	团队科研课题有较大价值和意义	123	2	5	5	2	4.227 642	0.733 429
7	团队建设目标与学校或学院学科目标相匹配	123	1	5	5	2	3.951 22	0.828 327
8	团队建设有清晰和具体的目标	123	2	5	5	3	4.333 333	0.753 860 7
9	团队成员的研究任务分配清晰、合理	123	1	5	5	2	4.260 163	0.787 581 9
10	科研活动不受行政干扰	123	2	5	5	2	4.463 415	0.749 783 4
11	团队成员之间互相信任和帮助	123	1	5	5	2	4.447 154	0.737 777 5
12	团队成员联系比较密切	123	2	5	5	3	4.325 203	0.752 002 1
13	团队建设经费的分配和使用合理、规范	123	2	5	5	3	4.195 122	0.685 428 4
14	团队负责人有较好的团队管理能力	123	2	5	5	3	4.422 764	0.665 399 3
15	团队负责人有较好的人格魅力	123	1	5	5	2	4.170 732	0.765 092 1
16	团队负责人有较强的社会影响力	123	1	5	5	2	3.894 309	0.797 670 9
17	团队负责人有较好的研究经历和研究基础	123	1	5	5	2	4.365 854	0.738 499 7
18	团队定期举办学术交流活动	123	1	5	5	3	4.211 382	0.738 319 2
19	学校有科学合理的科研团队选拔机制	123	1	5	5	2	4.317 073	0.760 899 7
20	学校给予的建设经费较为充足	123	1	5	5	2	4.760 899 7	0.769 781 1
21	学校的团队建设考核办法有利于团队科研创新	123	1	5	5	2	4.333 333	0.742 908 2
22	学校能够提供便捷的科研设施和场所	123	1	5	5	2	4.447 154	0.737 777 5
23	科研资讯可以通过学校便捷地获取	123	1	5	5	2	4.138 211	0.917 276 8
24	科研经费使用的财务报销方便、简单	123	1	5	5	2	4.577 236	0.757 564 4

3.2.2.6　团队建设成员满意度调查

团队成员对团队建设现状的满意度调查，能够帮助我们结合其团队现状与团队建设成效更好地认识三者之前的关系，调查结果如表 3－17 所示。

表 3－17　　　　青年科研创新团队建设满意度调查结果

题目 \ 选项	非常不满意	比较不满意	一般	基本满意	非常满意
团队的人员规模	0（0%）	4（3.25%）	12（9.76%）	70（56.91%）	37（30.08%）
团队成员之间的专业结构	1（0.81%）	5（4.07%）	9（7.32%）	71（57.72%）	37（30.08%）
团队成员的职称结构	0（0%）	2（1.63%）	12（9.76%）	69（56.1%）	40（32.52%）
团队所确定的科研课题和目标	1（0.81%）	1（0.81%）	11（8.94%）	59（47.97%）	51（41.46%）
团队建设目标与学校学科发展目标的匹配度	0（0%）	4（3.25%）	10（8.13%）	64（52.03%）	45（36.59%）
团队科研目标与我的研究方向匹配度	1（0.81%）	2（1.63%）	14（11.38%）	58（47.15%）	48（39.02%）
我所获得的团队建设经费	0（0%）	6（4.88%）	16（13.01%）	61（49.59%）	40（32.52%）
团队经费的合理分配和使用	0（0%）	5（4.07%）	10（8.13%）	65（52.85%）	43（34.96%）
我承担的任务具体、明确	3（2.44%）	13（10.57%）	61（49.59%）	46（37.4%）
我能够获得较多的成长机会	0（0%）	6（4.88%）	13（10.57%）	63（51.22%）	41（33.33%）
我能通过团队平台外出参加学术会议	0（0%）	7（5.69%）	23（18.7%）	58（47.15%）	35（28.46%）
我与其他成员间能实现知识与信息的共享	0（0%）	5（4.07%）	15（12.2%）	66（53.66%）	37（30.08%）
容易找到放心与之探讨学术问题的成员	0（0%）	6（4.88%）	10（8.13%）	65（52.85%）	42（34.15%）
团队安排的学术交流活动	0（0%）	6（4.88%）	11（8.94%）	71（57.72%）	35（28.46%）
团队成员的科研能力	1（0.81%）	5（4.07%）	9（7.32%）	61（49.59%）	47（38.21%）
团队负责人的团队管理能力	0（0%）	5（4.07%）	9（7.32%）	61（49.59%）	48（39.02%）
团队负责人的个人魅力	0（0%）	5（4.07%）	10（8.13%）	60（48.78%）	48（39.02%）
团队负责人的科研能力	4（3.25%）	5（4.07%）	67（54.47%）	47（38.21%）
团队负责人对团队成员能够尊重与信任	0（0%）	2（1.63%）	8（6.5%）	60（48.78%）	53（43.09%）
团队负责人与成员间的沟通与协作	0（0%）	3（2.44%）	9（7.32%）	61（49.59%）	50（40.65%）
学校制定的对科研团队选拔机制	2（1.63%）	4（3.25%）	21（17.07%）	68（55.28%）	28（22.76%）

题目＼选项	非常不满意	比较不满意	一般	基本满意	非常满意
学校对团队建设的考核办法	3（2.44%）	9（7.32%）	23（18.7%）	60（48.78%）	28（22.76%）
学校为团队建设提供的服务	3（2.44%）	10（8.13%）	28（22.76%）	55（44.72%）	27（21.95%）
学校能够提供便捷的科研设施和场所	10（8.13%）	20（16.26%）	36（29.27%）	38（30.89%）	19（15.45%）
学校课题经费报销制度	29（23.58%）	28（22.76%）	20（16.26%）	29（23.58%）	17（13.82%）

由 stata 操作分析可以看出，整体来看，调查对象对于"青年科研创新团队建设"各项指标的满意度较高，均在 3.75 以上，对于指标"团队负责人对团队成员能够尊重与信任（4.333333）"满意度最高，而只有 2 个指标"学校课题经费报销制度（2.813008）"与"学校能够提供便捷的科研设施和场所（3.292683）"低于 3.75，满意度偏低。对于这些指标："学校制定的科研团队选拔机制""学校对团队建设的考核办法""学校为团队建设提供的服务""学校能够提供便捷的科研设施和场所""学校课题经费报销制度"，均值在 3 左右，远远低于其他指标。可见，调查对象对于外部支持的满意度较低，对于内部支撑满意度较高。

对于这些指标的波动情况，整体来看波动较小。"团队负责人的科研能力"与"团队负责人对团队成员能够尊重与信任"2 项指标相对于其他指标波动较小，而且均值相对较高，说明调查对象普遍对于团队负责人的科研能力及其对成员的尊重与信任较满意。"学校能够提供便捷的科研设施和场所"与"学校课题经费报销制度"波动较大，均超过 1，其均值也低于其他指标，说明调查对象对学校报销经费与提供设施方面满意度较低，而且不同调查对象之间的看法差别较大，如表 3－18 所示。

表 3－18　　　　青年科研创新团队建设满意度调查分析

	量表项目	有效样本量	最小值	最大值	上四分位数	下四分位数	均值	标准差
1	团队的人员规模 345	123	2	5	5	2	4.138 211	0.716 608 6
2	团队成员之间的专业结构	123	1	5	5	2	4.121 951	0.774 441 8
3	团队成员的职称结构	123	2	5	5	3	4.195 122	0.673 363 7
4	团队所确定的科研课题和目标	123	1	5	5	3	4.284 553	0.730 150 7
5	团队建设目标与学校学科发展目标的匹配度	123	2	5	5	2	4.219 512	0.730 333 2

续表

	量表项目	有效样本量	最小值	最大值	上四分位数	下四分位数	均值	标准差
6	团队科研目标与我的研究方向匹配度	123	1	5	5	3	4. 219 512	0. 773 925 3
7	我所获得的团队建设经费	123	2	5	5	2	4. 097 561	0. 803 829 3
8	团队经费的合理分配和使用	123	2	5	5	2	4. 186 992	0. 750 405 3
9	我承担的任务具体、明确	123	2	5	5	3	4. 219 512	0. 730 333 2
10	我能够获得较多的成长机会	123	2	5	5	2	4. 130 081	0. 788 850 1
11	我能通过团队平台外出参加学术会议	123	2	5	5	2	3. 983 74	0. 839 435 2
12	我与其他成员间能实现知识与信息的共享	123	2	5	5	2	4. 097 561	0. 761 95
13	容易找到放心与之探讨学术问题的成员	123	2	5	5	2	4. 162 602	0. 772 201 3
14	团队安排的学术交流活动	123	2	5	5	2	4. 097 561	0. 751 115 4
15	团队成员的科研能力	123	1	5	5	2	4. 203 252	0. 809 364 8
16	团队负责人的团队管理能力	123	2	5	5	2	4. 235 772	0. 758 355 7
17	团队负责人的个人魅力	123	2	5	5	2	4. 227 642	0. 766 223 5
18	团队负责人的科研能力	123	2	5	5	2	4. 276 423	0. 693 066 5
19	团队负责人对团队成员能够尊重与信任	123	2	5	5	3	4. 333 333	0. 673 462 6
20	团队负责人与成员间的沟通与协作	123	2	5	5	3	4. 284 553	0. 707 342 3
21	学校制定的对科研团队选拔机制	123	1	5	5	2	3. 943 089	0. 822 838 1
22	学校对团队建设的考核办法	123	1	5	5	2	3. 821 138	0. 949 827 6
23	学校为团队建设提供的服务	123	1	5	5	2	3. 756 098	0. 969 548 3
24	学校能够提供便捷的科研设施和场所	123	1	5	5	1	3. 292 683	1. 157 525
25	学校课题经费报销制度	123	1	5	5	1	2. 813 008	1. 392 895

3.2.3　调查发现及其管理学意义

本报告主要进行了中央财经大学青年创新科研团队成员样本的调查

结果描述性统计，以此揭示基本的调查结果。描述性分析用于了解数据的基本情况，通过对正式调查数据的描述性统计，研究者有如下一些重要发现。

（1）关于样本调查结果的基本信息描述性统计方面的主要发现有：

第一，从人口统计学变量看，青年科研创新团队总体学位层次较高；负责人和普通成员1:2的比例说明一、二期的部分普通成员逐渐成长，并在二、三期团队中成为主力；而具有较高学历、已婚有子拥有稳定家庭的男性更趋向于参与科研创新团队，他们的年龄普遍在30-40岁之间，属于科研活动和科研产出的旺盛期。

第二，从成员工作状况看，参与团队的成员拥有较高职称，且大部分成员表示还在从事教学工作。而由于中央财经大学学科组合的性质，各团队的研究方向偏向于人文社会学科。

第三，从成员参与团队的动机看，科研工作主要是以创新兴趣和获取合作伙伴为导向，说明各团队成员较看重内心的满足和发展，相对不那么看重外部的职称晋升和收入因素。

（2）关于样本团队建设现状调查结果描述性统计方面的主要发现有：

第一，各团队交流频率没有出现集中的一般性趋势，从每周一次到2个月以上一次的都有，且没有明显差异。

第二，各成员均表示基本上能保证较高的活动出席率并投入较多时间于团队科研实践，而与他人合作完成课题或论文方面以2个左右为主。

第三，团队中敢于提出不同观点和指出错误的"异类"较为缺乏。

第四，研究方向不一致成为团队建设过程中的强大阻碍。

第五，团队收支明细基本以大概告知为主。

（3）关于样本团队发展意愿调查结果描述性统计方面的主要发现有：

第一，团队成员普遍认可小规模团队，3~8人的团队比较适宜。

第二，团队意识、研究能力和创新兴趣成为被调查对象认为的团队成员素质重要组成部分。

第三，成员普遍认为对团队的支持年限以5年为最佳。

第四，团队发展最需要的支持项目是便捷科研场所的提供。

第五，对验收优秀和成绩突出的科研创新团队应继续给予一定的经费支持。

第六，应该对团队实施期中考核，从而起到督促作用。

（4）关于团队考核主体与考核内容重要性调查结果的主要发现有：

考核主体方面。哪种主体来进行考核不太重要，且调查对象对选用考核主体的看法差异较大，而其中更倾向于聘请校内外专家和学校科研处负责。

考核内容方面。"清晰的团队目标与建设方案"与"能够凝练出新的学科方向"在对团队进行考核时相对更重要，而"获取学校支持之外的经费"则相对不重要，说明调查对象认为考核内容应着重于在团队研究目标与规划以及研究成果方面。

（5）关于团队建设影响因素重要性调查结果的主要发现有：

第一，类似团队成员职称结构、团队建设目标和团队负责人能力等团队内部支撑因素对于青年科研创新团队建设的影响程度重要性较低。

第二，外部支持因素特别是经费支持与报销制度方面的因素对团队建设影响程度较大。

（6）关于团队建设满意度调查结果的主要发现有：

第一，被调查者对于团队建设中的内部支撑满意度较高，尤其是团队负责人对团队成员能够尊重与信任方面。

第二，被调查者对团队建设中的外部支持满意度较低，尤其对学校课题经费的报销制度满意度最低，与其他指标有较大差距。

3.3　高校协同创新访谈与问卷调查结论分析

3.3.1　访谈和问卷调查的主要结论

（1）具有较高学历、已婚有子拥有稳定家庭的男性更趋向于参与科研创新团队，他们的年龄普遍在 30~40 岁之间，属于科研活动和科研产出的旺盛期。

（2）成员参与团队主要是以创新兴趣和获取合作伙伴为导向，较看重内心的满足和发展，相对不那么看重外部的职称晋升和收入因素；研究方向不一致成为团队建设过程中的强大阻碍；团队成员普遍认可小规模团队；团队意识、研究能力和创新兴趣成为被调查对象认为的团队成员素质重要组成部分。

（3）团队成员认可管理部门开展对团队实施期中考核，从而起到督促作用，考核主体方面更倾向于聘请校内外专家和学校科研处负责，认为考核内容应着重于在团队研究目标与规划以及研究成果方面。

（4）职称结构、团队建设目标和团队负责人能力等团队内部支撑因素对于团队建设的影响较低；外部支持因素特别是经费支持与报销制度对团队建设影响较大；被调查者对于团队建设中的内部支撑满意度较高，尤其是团队负责人对团队成员能够尊重与信任方面；被调查者对团队建设中的外部支持满意度较低，尤其对学校课题经费的报销制度满意度最低，与其他指标有较大差距。

3.3.2 分析及建议

成员普遍认为外部支持是团队建设的重要影响因素，但对其满意程度较低，指出活动场所等条件的限制成为阻碍成员交流、团队发展的普遍问题，僵硬的经费管理制度、行政干预和教学束缚、职称评定标准与团队考核脱节等各方面也影响着团队建设。为之后的团队建设提供了些许启示，我们应着力于解决这些问题，在软硬件支持、经费管理、后续服务、成果认定和转化、激励考核机制等方面进一步完善或改革：

（1）政策支持方面，扶持基础性研究，简化科研行政流程；制度保障方面，为优秀人才和团队给予一定的优惠措施。

（2）设施建设方面，为科研团队提供便利的、可供交流讨论的固定活动场所。

（3）平台打造方面，建立良好的宣传渠道转化研究成果、提升团队影响力，建设科研院所或为优秀的青年科研团队提供持续的经费支持。

（4）激励考核方面，注重各成员创新兴趣和合作伙伴的精神需求，改革考核制度，注重团队研究目标、规划及团队成果的考核，尽力与职称考核相挂钩，考核形式要灵活，标准化、去行政化，而具体的考核标准则应在团队及其研究特征的基础上进行细致化评定。

（5）经费管理方面，制定灵活的经费给付和报销制度，特别应放松苛刻的经费使用时限，鼓励经费自筹。

虽然成员普遍表示对团队内部支撑因素较为满意且是团队建设的非重要影响因素，但在之后的团队建设过程中也应注意某些问题：

（1）团队研究方向要一致、明确、细化并有纵深性，团队目标要有生命力、是成员感兴趣的、能够整合个体目标。

（2）团队规模应适中，3 ~ 8 人的团队规模比较好。

（3）注重团队成员团队意识、研究能力和创新兴趣等重要素质的培养，重视成员学生的科研素质打造。

（4）鼓励团队成员提出不同意见，容许适当的观点冲突。

（5）规范内部制度，经费收支应透明。

第4章

高校协同创新绩效指标的案例研究

4.1　高校协同创新与绩效评价的关系分析

高校协同创新人才评价机制是基于组织战略目标，为了实现人才评价功能的内在运行系统，是我国人才开发战略的重要组成部分。该运行系统包括：评价目的、评价周期、评价主体、评价客体、评价指标和内容、评价方法、评价程序、评价结果的运用等环节。高层次人才是具有品德、知识、技能，从事科学技术或研究工作，具有较高的创造力，并对社会做出较大的贡献的人，是掌握知识或生产工艺技能并有较大社会贡献的人。

4.1.1　国内外高校协同创新绩效评价机制的研究与实践

通过查阅文献和调研发现，目前，高层次人才评价的目的主要有以下几种：一是作为职称评定、职位晋升的依据；二是奖励和表彰；三是人才鉴别；四是成果鉴定。其中，最主要的目的是职称评定和优秀成果申报与表彰。

（1）人才评价的主体（谁来评）。

通过调研发现，目前我国很多人才评价工作是由政府组织实施的，参与评价的主体比较多，上海、安徽和甘肃等地都普遍建立了外部专家库，引入外部业内专家参与评价。目前，还缺乏科技成果鉴定的中介组织，基本上还是政府统一组织，政府出面聘请外部专家，政府既是教练员，又是裁判。

目前的科技人才评价中，评价者一般包括评价工作的组织者、上级领导或其他部门领导、本单位该专业专家、外单位该专业专家等。

（2）人才评价的指标（评什么）。

评价指标是文章中涉及最多，也是讨论最多的内容。因为高校科研创新人才在一定程度上存在难界定的特点。因此在评价指标中定性的内容，学者就中说纷纭，定量的数据就千差万别了。因此，在进行高层次人才综合测评指标体系的设计时，李光红、杨晨提出了构建高层次人才评价指标体系，首先要把指标的定性和定量相统一，要能对评价对象从定性和定量两个方面进行合理描述。其次指标可操作性，高层次人才评价指标体系的建立应从我国国情和高层次人才现状出发，努力做到理论与实践相结合，尽量减少指标个数，使每个指标体系具有较高的使用价值和可操作性。最后是动态性原则，对高层次人才的认识和评价是一个动态过程，随着相关因素的变化和发展，各个评价因子所发挥的作用会增强或减弱。

综合文献的论述，对人才心理素质构成归纳起来可分为以下几类部分：第一是意识（创新意识、竞争意识，责任感、思维方式、好奇心和兴趣）；第二是知识（知识结构、专业知识，学习能力和求学欲望）；第三是能力（观察能力、判断能力、记忆能力、想象能力，模仿和探索能力、思维能力、组织协调能力，发现问题、解决问题、综合分析）；第四是品德（耐力和毅力、自信心，胆魄求实志度和务实作风）；第五是绩效成果（科研成果、工作量、工作质量、特殊业绩）

关于人才评价的另一个重要方面就是他们的科技成果或学术成果。科研成果评价方式作为评价内容的另一个方面，成了学者们激烈争论的焦点。"目前具有高层次人才评价标准不科学"，文章提到美国国家科学基金会的研究指出，引文分析法（包括对 SCI 的使用）适合于评价科研机构或大量科学家的集体，而不适合用于评价研究人员个人。在我国的高层次人才评价中，则把 SCI 等文献计量指标作为重要的、甚至唯一的评价标准。致使一些人盲目追求论文数量，弄虚作假，滋长了浮躁的学风和急功近利的倾向，造成了科研目标的本末倒置。2003 年 5 月，科学技术部、教育部、中国科学院、中国工程院及国家自然科学基金委员会联合发出《关于改进科学技术评价工作的决定》，表示"反对单纯以论文发表数量评价个人学术水平和贡献的做法，要提倡科学论文内价值的判断，强调论文的被引用情况，并根据不同科学领域区别对待，避免绝对化。"

笔者在相关调查中发现，目前高校创新评价人才的主要指标，还是业绩为主，业绩一般包括：专利申请与授权量、科技活动产出、企业技术创新成果。

从几家企业的调查看，企业科研机构的科技创新人才评价主要看工作的实际效果（业绩）以及创新能力，重视人际沟通、团队协作能力，而不太重视学历、科研论文发表情况。

而高校和科研院所的科技创新人才的评价则比较重视科研论文的数量、获奖情况、科研项目的级别、科研经费多少等。

（3）科技创新人才评价方法和模型（怎么评）。

就评价的方法而言，理论创新研究较少，以下列举两种比较有代表性的方法：

第一，基于 AHP 层次分析法的综合定量评价分析法。

在文献中多数定量分析采用此法，主要特点是体系完整，通过构建不同层级的指标来细分人才素质，定量分析便于操作，具有一定信度和效度。其具体流程如图 4－1：

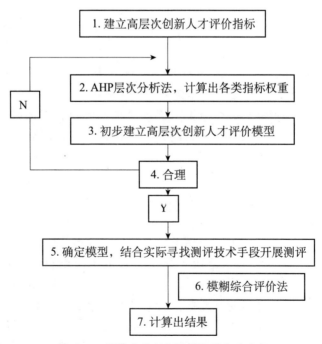

图 4－1　科技人才创新绩效评价程序步骤

该方法主要采用定量和定性相结合的方法，分析逻辑和整体结构都很完整，但笔者发现一个问题：在很多文章中这些方法所运用的各类数据（权重判别）的来源不是很清晰，如果是基于主观判定的话，那么科学性和合理性就存在质疑。因此建立这样的模型最重要的是寻找到具有说服力的指标权重。

第二，"金牌优先"法则应用于科研人才评价。

"金牌优先"评价法是指：以一段时期内科研人员最高水平的著作等成果作为代表，就像在奥运会中以最高级别的奖牌——金牌数作为排名的主要依据，其最大特点，也就是说在评价时以该时期内最高层就作为评价核心，可以有效纠正目前普遍存在的"重数量轻质量"的倾向，鼓励科研人员"十年磨一剑"，出精品佳作、出重大成果，进而扭转急功近利、盲目浮躁的学术风气，抑制学术泡沫、学术垃圾的产生。同时这种方法，必然激励科研人员苦下功夫提高学术质量，努力出精品佳作、出重大成果，从而纠正长期以来的"重数量轻质量"的倾向，扭转当前急功近利、盲目浮躁的学术风气。

4.1.2　高校协同创新绩效评价机制存在的问题与难点

4.1.2.1　评价机制中存在的问题

（1）评价的目的经常事与愿违。评价的目的本来是为了改进科研管理，激励海外人才研究解决实际问题和进行学术创新，尽量出精品佳作、出重大成果，从而促进学术繁荣、科技进步，推动社会进步。但现实的情况可能不是这么乐观，有的人才评价机制不是激励人们踏踏实实积累和研究学问、搞创新，而是尽量多发论文、多捞经费；科研单位也是如此，力图在 SCI 论文和科研经费排行榜上挤占一个靠前的位置。毫无疑问，这是舍本逐末，本末倒置。

（2）评价的内容与标准不够科学、具体。在选择评价指标的时候重点需要评价的是科研人员的真正学术水平、从事研究工作的深度、开展研究创新的能力，这些信息才是科研管理中想要知道而又难以获取的；而非那些一眼就能看出的统计数字，如一年发表几篇文章、发表刊物的级别、出版几部专著、哪个出版社、争取多少课题经费、课题级别等。单纯的统计数字最多只能说明科研人员的勤勉程度，并不必然代表其学术造诣和工作实绩。

（3）评价标准比较模糊，评价结果有时不够准确。现有的评价标准定性多、定量少，评价指标不够具体明确，在实际工作中难以避免个人主观因素的影响，导致评价工作自由裁量的空间较大。并且一定程度上存在重学历、重资历的现象，容易以学历代替实际水平，以资历代替领导能力，以数字代替工作成绩。对考察收集到的情况，表面性评价较多，深层次评价较少；主观评价较多，客观评价较少；静态评价较多，动态评价较少。

（4）评价方法与评价程序存在不合理现象。目前已有的同行评议法，科学计量法，经济分析法，综合评价法，人才测评法等方法都从定性和定量的角度做出了贡献，但是没有一种完美的方法可以适用于各种要求的人才评价。评价方案的设计及评价活动的实施都是凭借主体的个人经验进行的，不同的人对评价目标的理解不同，评价工具的使用及评价结果的解释，都难免带有个人的色彩，不可能形成完全的一致；二是评价对象的素质是抽象模糊的，其构成是极其繁杂的，且评价工具有一定的局限性，使人才处于一种测不准状态。素质是隐蔽在个体身上的客观存在，是一种内在抽象的东西，是看不见摸不着也说不清的，但素质可以通过人的行为表现出来，我们不能对素质进行评价，但可以通过其表现的行为特征进行间接的推测和判断。因此建立一套高校科研创新人才评价机制的研究方法和模型建立方法，对于满足不同测评需要的将是有建设性意义的。

在实际调研中我们发现：目前，高校科技人才评价工作是由学校或相关政府机构组织实施的，参与评价的主体比较多，上海、安徽和甘肃等地都普遍建立了外部专家库，引入外部业内专家参与评价。目前，还缺乏科学成果鉴定的中介组织，基本上还是政府统一组织，政府出面聘请外部专家，政府既是教练员，又是裁判。这一状况影响了该类人才的评价有效性。

（5）其他问题。从文献查阅和调研的情况看，目前，人才评价的主要问题有（按照重要程度）：对科研能力的考核重视论文等具体科研成果，而轻视成果的市场转化情况；人才评价手段及人才测评技术单一、落后，人才评价的科学水平较低；过于强调学历、资历、职称，轻能力、业绩；主管部门或领导意志干扰和影响大；过程不公开，不透明，公正性不够；过于重视官本位，评价标准在很大程度上以官位高低论英雄；人才评价没有进行分类，一刀切，存在很多不公平和不科学的地方；评价结果不能很好地用于人才激励，经常适得其反；评价主体不清，经常出现外行评价内行的现象。

4.1.2.2　构建科技人才评价机制的难点

（1）科技创新人才评价如何坚持战略目标导向。

人才评价要坚持战略目标导向。人才评价是基于组织战略的，而不仅仅是为了提高效率和创造业绩。如果战略方向错了只会适得其反。因此在做人才评价之前必先思考战略问题，首先是国家层面的战略，其次是结合国家战略的城市战略，再次是基于前者的组织战略，只有在这个基础上才能明确组织需要什么样的人才、这些人才需要具备什么素质和能力、怎么来评价这些人才才能使他为组织做出贡献。

从国家层面看《中共中央、国务院关于进一步加强人才工作的决定》提出，在人才评价方面，要建立以能力和业绩为导向，科学、社会化的人才评价机制。强调要根据德才兼备的要求，坚持群众路线，注重实践检验，构建以业绩为依据，由品德、知识、能力等要素构成的各类人才评价指标体系。目的就是要评价好人才，使用好人才，激励他们发挥聪明才智为国家建设作贡献。

从组织层面来说，一方面，不同组织在不同时期，表现出来的战略不同的，导致评价的内容和侧重点也是不同的，怎么去把握组织战略，这是一个很重要的问题。另一方面，从实际功能目的情况看，不同用功能目的的评价导致的评价指标和内容也不同。具体来说主要有以下几个方面的功能目的：首先为选拔、引进、配置人才进行的评价，其主要目的是鉴别人才，评价他的综合实力，以及发展潜力。其次为诊断人才、评价绩效、人才开发而做出评价，其主要目的是评价人才现阶段工作业绩的表现、基本状况、对环境的适应程度，以及存在工作的问题和困难。

（2）如何保证评价程序的有效性和公正性。

所谓人才评价主体的有效性是指：评价人才的主体必须由一个熟悉该类人才评价程序的专家团队组成，同时按照人才测评专家预先设计好的测评程序进行；其次，这个团队的组成专家必须对该人才所从事的研究领域有相对深入的了解，避免杂家评专家，外行平内行的现象，同时保证程序的科学性，这样才能确保测评主体所做出的判断是有效的。

所谓人才评价主体的公正性是指：测评主体要通过建立评委随机遴选制度、回避制度避免与被评对象有直接利害关系的人员参加评审。防止行政因素、经济因素的介入，避免人才评价成为利益争夺的途径和手段。

因此基于以上两点原则，我们在选择评价主体的时候，首先应建立完善的制度，在人员组成方面尽可能邀请国外其他单位的专家组成评价团队作为评价主体，同时引入社会专业测评机构对评价过程进行组织和管理。这样既保证评价主体的有效性又体现了公正性，从而为评价所要达到的目的奠定了基础。目前国外比较先进的做法是建立网络评价平台，匿名评选，既保证了信息传递的快捷、方便，也体现了保密性与公正性。

（3）如何基于人才分类构建人才评价指标体系。

《中共中央、国务院关于进一步加强人才工作的决定》提出"要建立以能力和业绩为导向、科学的社会化的人才评价机制。"这为改革和完善高校科研人才评价机制指明了思路：以能力和业绩为导向，确立科学的人才评价标准，完善人才评价主体，创新人才评价手段。因此在高层次、创新高层次人才评价建立以能力和业绩为依据，由品德、知识、能力、业绩等要素构成的人才评价指标体系。完善人才评价标准，克服人才评价中的重学历、资历，轻能力、业绩的倾向，完善人才评价手段，努力提高人才评价的科学水平。同时坚持中央提出的"三个认可"。一是要群众认可。要坚持群众公认、注重业绩的原则。二是要社会与业内认可。对高层次、创新高层次人才的评价重在社会和业内认可，把社会和业内认可不认可作为专业技术人才评价的重要衡量尺度。三是要市场认可。就高层次、创新高层次人才而言，重点在于把握从事不同科研类型的人才在"市场认可"这个评价的反应程度。例如应用型科学技术研究的人才可以考虑在市场认可，基础理论型研究的人才就不简单地能用市场去衡量。注意分门别类地评价人才，既有共性特点，又要把握特殊性，即，模块性和可变性。这是对高层次、创新高层次人才评价指标体系构建的基本要求。

（4）如何基于科研规律合理规划评价周期。

高校科研创新人才业绩成果的具有独特性。这种独特集中表现在：成果周期的不确定性，成果价值的潜在性。因此，在考核性人才评价中，如果没有科学的周期设定，就会对被评者产生负面作用。太短的周期容易使被评价对象急功近利，不利于产生高价值的成果；太长的周期又容易使被评价者产生懈怠，不利于提高效率。因此如何科学合理地规划评价的周期是目前摆在高校科研创新人才评价工作前的一个难题。目前可以采用的方法主要有：按科研项目预定的周期进行考核，简称项目周期制；年限地增制，目前国外一些大学采用此周期评价教员，第一次评价周期为 1 年、第二次为 5 年、第三次为 10 年，最后为终身教授；定期制，每 2 - 3 年进行一次评价，但评价的内容和侧重点应偏向过程和任务，以及对任务价值的评价。

总值不同类型不同、不同目的的评价周期是不一样的，应该根据人才研究类型、研究项目的特点，科学合理地制定评价周期。

4.1.3　科技创新人才评价机制建立的思路与对策

4.1.3.1　进一步明确高层次科技创新人才评价的主要原则

做好高层次科技创新人才评价工作，要注意把握好以下主要原则：

——坚持以科学的人才观为指导；

——坚持德才兼备原则，把品德、知识、能力和业绩作为衡量人才的主要标准；不唯学历、不唯职称、不唯资历、不唯身份。

——尊重人才成长规律，把人才的学识、业绩和贡献与其发展潜能相结合；

——通过实践检验人才，注重业内认可；发展和规范人才评价中介组织，在政府宏观指导下，开展以岗位要求为基础、社会化的专业技术人才评价工作，加强专业中介评价机构的建设。

——坚持尊重高层次人才的多样性、层次性和相对性，做好分类评价。

4.1.3.2　建立合理的考核与评价机制

（1）基于人才分类、创新投入产出效率等角度，科学建构高校科研创新人才评价指标体系。

根据中央人才工作会议的要求和本次人才规划战略专题的指导意见、综合文献的研究的，经过专家的评议和审定，我们总结了一套立体评价指标体系，从工作分析、人员素质测评和绩效考核的角度出发，从不同维度评价高校科研创新人才，见表 4 - 1。

第一，淡化科研成果的数量，强化研究质量和市场转化。

国外的学术期刊大都采用匿名评审，学界对刊物的地位或权威性判断尽管有共识，但并没有什么"核心刊物"一说，很多一流大学对学者也从来不搞量化考查。美国的很多大学，评价教授的成就主要有三个方面，即研究成果、教学和在院系内做出的服务。换言之，在科学研究的领域，没有一个必然的量化标准。科研成果实行量化管理，尽管取消了学术权威，大家在数字面前人人平等。但是，过于讲究数量，其结果必然导致很多学者成了完成任务的拼搏者，而忽视了研究的质量，研究也就不会有真正的兴趣。

表 4 - 1 　　　　　　　　　科技创新人才创新绩效评价指标

指标	二级指标	指标	二级指标
胜任能力	1. 创新能力	创新投入	1. 组织提供的科研设施等硬件条件
	2. 高尚的学术道德		2. 组织提供的人员配备
	3. 政治观点与价值观		3. 薪酬待遇
	4. 奉献精神		4. 组织提供的科研经费
	5. 团队意识		5. 创新时间的保障
	6. 工作态度		6. 创新制度保障
	7. 创新潜力		7. 组织提供的个人生活条件
任务指标	1. 工作任务的内容	创新产出	1. 科研成果或科研项目数
	2. 任务的难度		2. 创新任务完成的数量和质量
	3. 任务的时间要求		3. 获得的科研经费
	4. 任务的成果要求		4. 获得的科研奖励
	5. 任务的数量多少		5. 科研成果的经济价值和社会价值
			6. 科研经费的使用（研发投入）效率
			7. 很好地履行发展与培养下属的职责

第二，把有项目，甚至有哪个等级的项目作为评审的硬条件，是极不合理的。要特别鼓励，至少不能歧视那些无项目、没有耗费公共资源却产出成果的学者。

（2）强化政府的引导作用，大胆引进社会中介力量的参与。

评价主体不公正性主要表现在人才评价中行政因素和经济因素的介入阻碍了评价主体的客观公正性。"从评价标准和程序的制定到评审选拔工作的实施都有行政介入，助长了行政人员干涉高层次人才评价'外行领导内行'的风气。经济因素的介入导致了以争取资源的数量代替评价标准。特别是科研管理部门官员的权钱交易，导致出现大批占一有大量科研资源，却从来不做科研的中介人，许多具有真才实学的高层次人才反而沦为打工者。"

因此，"应扭转学术水平评价中'杂家'评'专家'或外行评内行的做法，充分发挥同行专家在识才和选才的主体作用。逐步实现与国际学术评价接轨，在美国、加拿大大学教授的招聘和晋升程序中，同行专家的推荐评价意见起着至关重要的作用。一般来说．系主任将相应教授岗位应聘者的个人简历和有关材料寄送给国内和国际相关专业领域的知名学者。请他们就应聘人的学术水平和贡献做出具体的评价每位应聘者一般需由 10 位以上同行专家评议．只有每位专家都予以充分肯定应聘人才有可能获得聘任在大学教授的聘任过程中，同行专家的选择要从校内走向校外"。

政府主管部门在高层次人才评价中的职责定位应该进一步明确为：政策的制定者和制度执行的监督者，多采取民间评价、同行评价，不以刊物身份定论文水平，对于高层次科技创新人才的评价，尤其要弱化政府的作用，大胆引进社会中介力量的参与。

（3）进行学科分类和人才分类，逐步实现人才分类评价。

首先，适当分别不同学科的性质，使用有所不同的标准。

其次，任何科技创新人才出成果有相对长的周期，应该放宽评价的时间尺度和数量标准。但凡优秀的学术成果都不可能在较短的时间里产生，三年时间尺度太短，难以全面反映成果的真正水平。对高层次科技创新人才更不要出现急功近利的状况，不希望过于强调发表多少论文、也不要专门规定一定要产生多少重大的有影响的研究成果。

对高校科技创新人才应该制定任务标准，而不应该单纯强调时间的限制，不应该过于强调工作时间和完成的任务数量。

根据所承担的任务以及其研究的规律，合理制定考核周期，给高校科研人才更好的、自由的、宽松的学术环境，而不要期望他们在尽可能短的时间里给国家或组织带来最大的收益。

在没有更好的评价标准的情况下，还是要认真研究如何把量化的标准、程序等内容设计得更加合理和科学。

（4）完善评价流程和程序。

我们通过图 4-2 的流程图标来显示一套完整的高校科研创新人才评价机制。它包括评价需求者，评价主体的构成，评价指标的选择，评价对象和评价结果的运用五个部分组成，其中评价周期仅限于考核、诊断性评价时考虑。

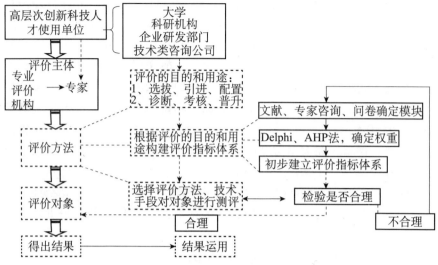

图 4-2   高校科研创新人才评价机制流程

4.2   广东高校协同创新绩效评价方法的案例分析

广东省委、省政府认真贯彻落实中央对人才工作的统一部署，颁发了《关于加快吸引培养高校科研人才的意见》和《广东省中长期人才发展规划纲要（2010~2020 年)》，以及《广东省引进创新科研团队评审暂行办法》《广东省引进领军人才评审暂行办法》和与引进的创新科研团队和领军人才签署的引进合同等。此外，广东省委组织部、省科技厅、省人社厅等单位组织实施"珠江人才计划"，大力引进创新科研团队和领军人才。

《广州市关于加快吸引培养高校科研人才的意见》制定了一系列人才吸引政策，例如，加大高层次科研人才引进力度。加强人才和人才开发国际交流合作，积极引进海外人才和海外智力。扎实推进国家高层次科研人才创新创业基地建设工作，鼓励和支持有条件的单位、机构和园区，抓紧建立15~20 个市级人才基地，探索实行国际通行的科学研究和技术开发、创业机制，集聚一批高校创新创业人才和团队。建立健全高层次科研人才信息库，编制高校紧缺人才开发目录，定期向海内外发布需求信息，引导供需对接。

此外，广东省深入实施"121 人才梯队工程"。采取个人自荐、专家举荐、组织推荐等多种方式，将广州市高校科研人才集聚体系中发展潜力巨大、业绩突出者择优选拔进入广州市"121 人才梯队工程",对其进行个性化重点培养,采取跟踪服务和动态管理措施,争取用 5 年时间,培养出 10 名站在世界科技前沿的中国科学院、中国工程院院士后备人才(以下简称第一梯队),20 名具有国内领先水平的"新世纪百千万人才工程"国家级人选后备人才(以下简称第二梯队),100 名在学科专业领域起骨干带头作用的享受国务院政府特殊津贴的后备人才(以下简称第三梯队)。依据不同专业领域和培养目标,在培养期内,对第一、第二、第三梯队的每位后备人才,市财政每年度分别予以不超过 40 万元、30 万元和 20 万元的专项工作经费。

近年来,结合广东经济社会发展和产业转型升级的需要,省财政累计投入 17.73 亿元分三批引进共 57 个创新科研团队和 49 名领军人才,聚集高校科研人才 1 000 多名,走出了一条独具特色的团队引才聚才之路。

4.2.1　广东省高层次海外科研人才引进计划的绩效评价设计

随着广东省引才工作向纵深推进,为进一步提高引进创新科研团队和领军人才的科学性、针对性和实效性,广东省委托中国人事科学研究院对其引进的三批创新科研团队和领军人才进行第三方绩效评估。中国人事科学研究院会同国家六大重点领域著名专家(包括 10 名院士)组成 50 余人的评估组,对广东省引进的创新科研团队和领军人才(以下简称"引进团队和领军人才")进行第三方评估。评估采取指标体系构建、信息采集表填报、问卷调查、访谈座谈、专家实地考察和引进人才自评等方式进行。

该绩效评估评估组按照《中共广东省委、广东省人民政府关于加快吸引培养高校科研人才的意见》和实施"广东珠江人才计划"的目标,综合考虑影响高层次科研人才绩效的因素包括人才自身、人才环境、人才政策等因素。结合包括:公共政策评估、绩效评估、创业环境模型、人-环境匹配、预期理论、心理契约、360 度评价、平衡记分卡等理论。最终设定了从匹配性(现实绩效)、适应性(人才环境)和成长性(发展潜力)等三个方面来评估引进高校科研人才绩效。同时,从影响绩效的内外因角度,结合相关理论和广东实际,形成了该次评估的三级指标体系,见表 4-2。

从《2012 年广东省引进创新科研团队和领军人才绩效评估总报告》

的评价结果看来，评估认为，广东省引进团队和领军人才层次高、能力强，具有较好的产业发展前景。

表4-2　　2012年广东省引进创新科研团队和领军人才绩效评估体系

一级指标	二级指标	三级指标	指标细化
匹配性（现实绩效）	客观绩效	成果数量	发表论文数、出版专著数、承担项目数
		经济效益	销售额/利润额、带动相关产业产值
		成果质量	引进期间科研成果获奖情况、申请发明专利数、已授权专利数、参与或主持制定国际国内标准数、开发新产品数
		履约情况	科研总体进度匹配程度、合同执行的匹配程度
		社会影响力	个人、团队或项目影响力，获得社会荣誉等
		以才引才情况	培养人才数量、吸引高校科研人才数量（包括团队内、团队外）
	主观感受	政策实施效果预期	对政策实施效果是否满意
		项目进展预期	项目进展是否顺利，是否存在困难
		业绩预期	同上
		环境预期	社会环境、生活环境、创新环境等是否与预期匹配
		待遇预期	福利待遇是否与预期匹配
		组织保障预期	单位、团队保障是否预期匹配
		团队领导者能力	学术水平、创新能力和综合素质
适应性（人才环境）	经济社会环境	社会环境	居住条件、医疗服务、社会保障状况、子女入学、基础设施、现代服务业、社会包容度等
		经济环境	财税政策体系、投融资渠道、风险投资机制等
		创新环境	知识产权服务与保护、社会创新氛围、创新资源等
	人才政策环境	人才引进政策	对广东省层面各项人才引进政策的了解度和满意度
		人才培养政策	对广东省层面各项人才培养政策的了解度和满意度
		人才服务政策	对广东省层面各项人才服务政策、人才、项目评审政策、项目资金管理政策、人才待遇政策、人才队伍建设政策的了解和满意度
	珠江人才计划	政府投入	对珠江人才计划政府投入情况、到位情况、使用情况的了解和满意度
		引才引智运行机制	对珠江人才计划引才引智运行机制的了解和满意度
		服务保障	对珠江人才计划服务保障的了解度和满意度
		人才培养载体建设	对珠江人才计划人才培养载体建设的了解和满意度
	组织、团队环境	组织创新氛围	团队内部创新氛围
		团队结构	梯队、研究方向的一致性和互补性
		团队合作	团队合作的稳定性和紧密性
		压力感受	对工作压力的感受程度

续表

一级指标	二级指标	三级指标	指标细化
成长性（发展潜力）	学术、技术的领先性	项目研究水平	项目研究水平的先进性
		科研成果	科研成果先进性
	技术、产业发展前景	市场前景	项目研究成果的市场现状、前景
		与相关组织合作紧密程度	与企业、高校等利益相关组织合作的紧密程度
		对广东转型升级的贡献	对广东转型升级的贡献程度
		对广东产业发展的带动作用	对广东产业发展的贡献程度
	跟未来经济社会发展是否契合	对广东学科建设的带动作用	对广东学科建设的带动作用及程度
		对广东人才培养的带动作用	对广东人才培养的带动作用及程度
		对广东教育、科技体制创新的推进作用	对广东教育、科技体制创新的推进作用及程度
		其他社会效应	对广东其他方面的社会效应带动作用及程度

该案例中，对现实绩效的评估表明引进团队的各项绩效表现显著优于领军人才，见表4-3，进一步证明了我国海外人才团队式引进的必要性和可行性。

表4-3　　广东省引进团队和领军人才已实现科研成果总量和均值

成果名称	团队		领军人才	
	总量	均值	总量	均值
专利申请	1 137	36.7	156	5
专利授权	233	7.5	40	1.3
标准制定	80	2.6	22	0.7
论文发表	814	26.3	447	14.4
SCI/EI收录	631	20.4	354	11.4

（1）海外高层次科研人才团队建设的标准。

在该评估方案中，主要从三个方面来评价高层次科研人才的团队绩效，即匹配性、适应性和成长性。

第一，高层次科研人才团队与当地产业转型、科技创新方向的匹配性。主要关注第一、第二批引进的31个创新科研团队和31名领军人才，与广东省和各市高校科研人才引进目的的匹配情况。重点关注与产业转型升级的匹配，与企业创新活动的匹配以及与市场动态机制的匹配等方面。

第二，高层次科研人才团队的对当地环境的适应性。主要关注广东省高校科研人才引进工作本身，以及用人单位对引进人才的使用情况。重点关注人才的工作适应性、生活适应性以及团队适应性等方面。

第三，高层次科研人才团队可预见未来的成长性。主要关注引进团队和人才的技术成长和人才成长。技术成长关注技术的国际先进性和发展潜力，人才成长关注引进的人才和团队的发展和引才聚才效益。重点关注对未来加快产业转型升级的引领作用。

（2）高层次科研人才团队考核的标准。

该项评估方案对第一、第二批引进的31个创新科研团队和31名领军人才在项目进展、发明创造、专利论文、成果转化、以才引才、履行合同、经济社会效益、财政资金使用等方面，进行全方位、立体式、多角度评估。

根据上述的团队建设标准从三个方面对广东省高层次科研人才团队进行考核评估，即通过对现实绩效的考核来评估团队的匹配性，通过人才环境的评价来评估团队的适应性，通过发展潜力的评价来评估团队的成长性。

第一，对高层次科研人才团队的现实绩效考核（匹配性评价）主要包括以下五个方面：引进人员到岗率及履约情况，引进期间的科研成果（包括下述指标的预期实现和实际实现比率：专利申请、专利授权、标准制定、论文发表、SCI/EI收录），科研立项与获奖情况，社会效益或经济效益贡献，对广东省产业转型升级的作用和贡献。

第二，对高层次科研人才团队的人才环境评估（适应性评价）主要包括以下多个方面：人才引进计划效果重要性和可能性评价，经费到位率和执行比例，对人才政策环境和人才计划的满意度与了解度，人才配套政策重要性与满意度评价差值，经济社会环境重要性与满意度评价差值，组织、团队环境重要性与满意度评价的差值，工作满意度、职业满意度压力感知度，归国后实际工作感受与心理预期匹配情况，生活、创业环境满意度，家属支持程度。

第三，对高层次科研人才团队的发展潜力评估（成长性评价）主要包括以下两个方面：核心成员增长率，技术/产业发展前景评价。二者分别反映了团队的人才成长和技术成长水平。

4.2.2 广东省高层次科研人才引进工作绩效评价结果

4.2.2.1 广东省高层次科研人才引进工作的成果

（1）引进团队和领军人才学术/技术水平高，产业发展潜力大。

评估认为，广东省引进团队和领军人才层次高、能力强，具有较好的产业发展前景。

首先，引进团队和领军人才以高素质外籍华裔为主，具有较高学术/技术水平。引进团队和领军人才中具有博士学位的 56 人，占比 90.3%。53 人博士学位在海外取得，其中在美国取得博士学位的人最多，有 29 人。团队和领军人才中有 48 人来自国外（境外），占比 77.4%，其中 38 人为华裔。美籍人数最多，达到 29 人。有 48 人为中国本土出生，占比 77.4%。其中，出生在中国广东的有 8 人，占比 12.9%。以外籍华裔，特别是美籍华裔作为广东引才工作重点引进对象，空间大、可行性强，契合广东高新技术产业的发展趋势。如表 4－4 所示。

表 4－4　　　　引进团队和领军人才学位、国籍及出生地情况

学位/国籍/出生地	数量	所占比例（%）
博士学位	56	90.3
海外博士	53	85.5
美国博士	29	46.8
外籍人数	48	77.4
美籍人数	29	46.8
中国本土出生	48	77.4
中国广东出生	8	12.9
外籍华裔	38	61.3

从层次看，引进团队及领军人才中有诺贝尔奖获得者 3 名，诺贝尔奖评委 2 名，欧盟最高科学奖"笛卡尔奖"获得者 1 名，美国国家工程院院士、科学院院士，瑞典皇家科学院院士等 7 人，中国科学院院士、工程院院士 8 名，有 20 人入选中央"千人计划"，整体来看具有较高学术/技术水平。

其次，引进团队和领军人才年龄跨度大，创新人才多。引进团队和领军人才呈现年龄跨度较大、平均年龄偏高的特点。年龄最大的 83 岁，最小的 29 岁，年龄均值 55.8 岁。其中，65 岁及以上 13 人，占比 21.3%；35 岁及以下 1 人，占比 1.6%。团队年龄均值（51.6 岁）整体

小于领军人才年龄均值（60岁），差值达到8.4岁。

引进团队和领军人才中创新人才多，创业人才少。45个团队和领军人才由高校及科研院所引进，占比72.6%；17个团队和领军人才由企业引进，占比27.4%。

再其次，引进团队和领军人才团队建设效果显著，广东本地科研人员培养增速较快。引进团队和领军人才开展工作后，在团队建设上取得了较大成绩。核心成员由初创期的403人，增长到目前571人，增长率达到41.7%。团队成员总量均值（51.8人）明显高于领军人才（支撑团队）总量均值（22.1人）。核心成员中的广东籍人数由初创期119人，增长到目前191人，增长率为60.5%，增长速度高于核心成员数量增长。目前团队成员总量2 292人，其中广东籍人数751人，占比32.7%。六个专业技术领域中核心成员增长率最高的是新医药技术领域，由初创期102人增长到目前158人，增长率为54.9%。增长率最低的是光机电一体化领域，核心人员仅增长了1人，由初创期60人增长到目前61人。不同领域之间核心成员增速差异显著。

此外，引进团队和领军人才专业发展前景较好，成长空间广阔。引进团队和领军人才在粤有较好的发展空间。专家组对引进团队和领军人才"技术/产业发展前景"评价均值32.8分（满分40分），各团队和各领军人才之间得分差异显著，最大差值18分。专家组对各技术领域"在广东省的发展前景"评价均值26.6分（满分30分），各领域得分差值不大。得分最高的是光机电一体化领域（28.7分），得分最低的是新医药技术领域（24.6分）。

（2）引进团队和领军人才现实绩效显著，有效推动广东经济技术产业转型升级。

评估认为，引进团队和领军人才发展状况良好，符合广东省和各地市高校科研人才引进目的。

一是引进团队和领军人才按时到岗率较高，履约情况较好。总得看引进团队和领军人才基本能按照合同约定执行和推进项目计划。在到岗时间上，14位境内人员中有12位按时全职到粤工作，按时到岗率85.7%；48位境外人员，每年累计在粤停留时间超过六个月的有34人，占比72.3%。平均在粤停留时间为7.1个月，超出合同要求1.1个月。境内人员到岗率略高于境外人员。如表17所示。

二是引进团队和领军人才科研成果丰硕，具有较高科研质量。引进

团队和领军人才在引进期间专利预期申请总量 1 063 个，已实现申请总量
1 293 个，实现率 121.6%。预期授权专利总量 521 个，已实现授权专利
总量 273 个，实现率为 52.4%。预期标准总量 102 个，已实现标准总量
102 个，实现率 100%。预期专著出版总量 43 册，已实现总量 72 册；实
现率为 167%。预期论文发表总量 1 610 篇，已实现总量 1261 篇，实现率
为 78.3%；预期 SCI/EI 收录论文总量 778 篇，已实现总量 985 篇，实现
率为 126.6%。在专利申请与授权、标准制定、论文发表、SCI/EI 收录论
文方面，团队均值远远高于领军人才均值。如表 4 - 5 所示。

表 4 - 5　　　　　　引进团队和领军人才已实现科研成果总量和均值

成果名称	团队		领军人才	
	总量	均值	总量	均值
专利申请	1 137	36.7	156	5
专利授权	233	7.5	40	1.3
标准制定	80	2.6	22	0.7
论文发表	814	26.3	447	14.4
SCI/EI 收录	631	20.4	354	11.4

三是引进团队和领军人才科研立项较多，获奖情况良好。引进团队和领
军人才在引进期间申请中项目总量 371 项，已批复项目总量 2 338 项，团队均
值（66.7 项）显著高于领军人才均值（8.7 项）。其中国际合作项目 467 项，
占比 17.2%；国家级项目 377 项，占比 13.9%。如图 4 - 3 所示：

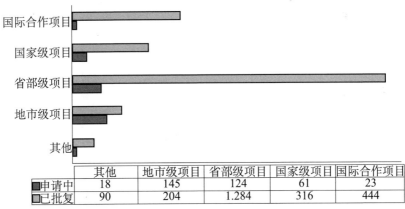

	其他	地市级项目	省部级项目	国家级项目	国际合作项目
申请中	18	145	124	61	23
已批复	90	204	1.284	316	444

图 4 - 3　引进团队及领军人才引进期间申请中和已批复的项目数量

引进团队和领军人才在引进期间共获得奖项总量 57 项，其中国际级
奖项 7 项，占比 12.3%；国家级奖项 14 项，占比 24.6%。已批复的项目

金额总量 234 886.1 万元，其中团队批复金额均值 5 940.9 万元，领军人才批复金额均值 1 636.1 万元，团队批复金额均值显著高于领军人才均值。如图 4-4 所示：

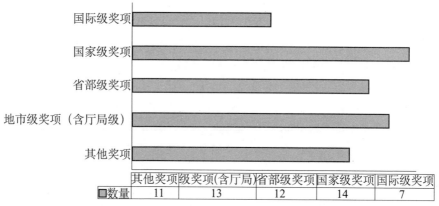

	其他奖项	地市级奖项(含厅局)	省部级奖项	国家级奖项	国际级奖项
数量	11	13	12	14	7

图 4-4　引进团队及领军人才引进期间获奖情况

四是引进团队和领军人才经济社会效益初显，跟未来经济社会发展契合性较高。专家组对引进团队和领军人才"对社会效益或经济效益贡献"的总体评价均值为 8.4 分（满分 10 分），其中新医药领域的均值得分最高（9 分），光机电一体化技术领域最低（8 分）。如图 4-5 所示：

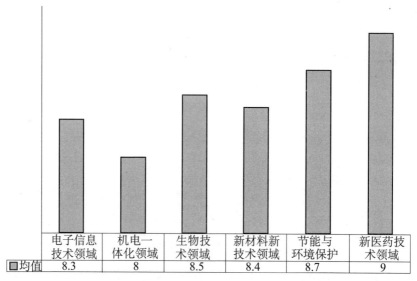

	电子信息技术领域	机电一体化领域	生物技术领域	新材料新技术领域	节能与环境保护	新医药技术领域
均值	8.3	8	8.5	8.4	8.7	9

图 4-5　专家对各领域引进团队及领军人才对社会效益或经济效益评价均值

据不完全统计，第一、第二批引进团队和领军人才来粤以后实现累计销售额 67 519.1 万元，实现累计利润 7 211.5 万元和累计净利润 4 925 万元，带动相关产业产值 294 459.3 万元。创新人才（5 832.4 万元）和引进团队（9 235.5 万元）带动相关产业均值显著高于创业人才（1 882.3 万元）和领军人才（263.2 万元）。如表 4-6 和图 4-6 所示：

表 4-6　　　　　　　　引进团队和领军人才经济效益情况

类型	新增销售额		带动相关产业产值	
	总量（万元）	均值（万元）	总量（万元）	均值（万元）
创业	25 040.3	1 473	31 999.3	1 882.3
创新	42 478.8	944	262 460	5 832.4
团队	32 256	1 040.5	286 301	9 235.5
领军	35 263.1	1 137.5	8 158.3	263.2

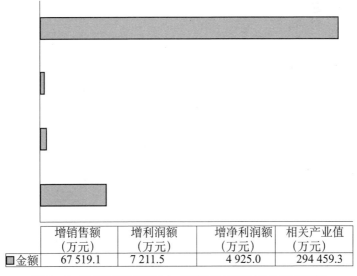

	增销售额 （万元）	增利润额 （万元）	增净利润额 （万元）	相关产业值 （万元）
金额	67 519.1	7 211.5	4 925.0	294 459.3

图 4-6　引进团队及领军人才引进期间经济效益实现情况

社会效益方面，引进期间实现人才培养总数 2 559 人，团队均值（59.2 人）远高于领军人才均值（23.3 人），其中博士 284 人，占比 11.1%；科研骨干 528 人，占比 20.6%。引进期间解决本地区就业人数 4 502 人，创业型团队及领军人才均值（116 人）明显高于创新型团队及领军人才均值（56.8 人）。如图 4-7 所示：

五是用人单位整体满意度较高，学术/技术领先性凸显。引进团队和领军人才在带动用人单位学科建设和科研创新水平提高上发挥了积极的推动作用，用人单位对其各方面能力比较认可，整体满意程度相对较高。评估表明，40.6% 的管理人员对引进人才比较满意，33.7% 的管理人员对引进人才非常满意。而在引进团队和领军人才的实际工作与单位预期的匹配评价中，其学术水平（均值 4.06）、综合素质（均值 4.05）和创新能力（均值 3.95）为匹配评价最高的三项。同时，专家组对"学术/技术领先性"的评价均值为 26 分（满分 30 分），六个技术领域均值差值不大，得分最高的是新材料新技术领域（26.9 分），最低的是生物技术领域（24.9 分）。如图 4-8 所示。

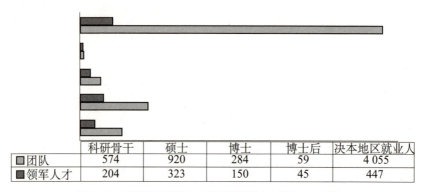

	科研骨干	硕士	博士	博士后	决本地区就业人
团队	574	920	284	59	4 055
领军人才	204	323	150	45	447

图 4-7　团队及领军人才引进期间社会效益实现情况

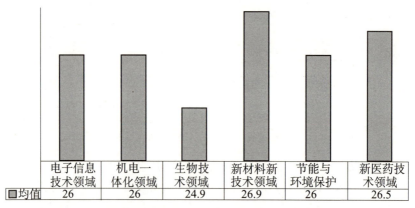

	电子信息技术领域	机电一体化领域	生物技术领域	新材料新技术领域	节能与环境保护	新医药技术领域
均值	26	26	24.9	26.9	26	26.5

图 4-8　专家组对各领域团队及领军人才学术技术/领先性评价均值

　　六是推动产业转型升级趋势明朗，人才投入效益可待。专家组对"对各领域对广东省产业转型升级的作用和贡献"评价均值为 35.6 分

（满分 40 分），其中得分最高的是光机电一体化领域（37.3 分），得分最低的是新能源、节能与环境保护技术领域（33.5 分）。如图 4 - 9 所示：

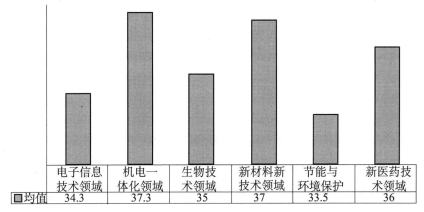

	电子信息技术领域	机电一体化领域	生物技术领域	新材料新技术领域	节能与环境保护	新医药技术领域
均值	34.3	37.3	35	37	33.5	36

图 4 - 9 专家对各领域在对广东省产业转型升级的作用和贡献评价均值

专家组"对各领域在广东省产生的人才投入效益"的评价均值为 26.6 分（满分 30 分），其中得分最高的是新医药技术领域为（28.1 分），得分最低的是电子信息技术领域（23.7 分）。如图 4 - 10 所示：

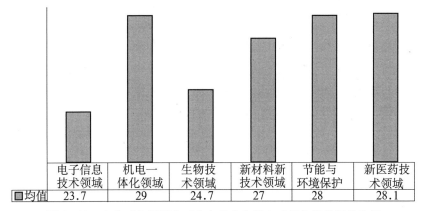

	电子信息技术领域	机电一体化领域	生物技术领域	新材料新技术领域	节能与环境保护	新医药技术领域
均值	23.7	29	24.7	27	28	28.1

图 4 - 10 专家对各领域在对广东省产生的人才投入效益评价均值

评估发现，引进团队和领军人才工作开展顺利，社会各界给予积极肯定，人才工作和生活逐步步入正轨。

在社会效应方面，"珠江人才计划"引才工作深入人心，社会各界反响积极。90.7% 的引进人才、82.7% 的国内同事、92.5% 的用人单位管理人员认为实施"珠江人才计划"有必要或非常有必要。他们一致认为

"珠江人才计划"对"引进一批国内急需的高校科研人才""培养人才"两个方面具有重要的作用，而且其可能性较大。

4.2.2.2　广东省高层次科研人才引进队伍建设中存在的问题

（1）进团队和领军人才经费到位情况较好，但经费执行比例差异较大。引进团队和领军人才的省财政拨付专项工作经费到位率较高，分别为104%和97.3%，用人单位配套工作经费到位率相对较低，分别为42%和81.8%。

引进团队和领军人才经费执行比例差值较大。第一批团队执行比例最高为77%，最低为24.4%；第二批团队执行比例最高为49%。最低为2.2%；第一批领军人才执行比例最高为101.6%，最低为15.2%；第二批领军人才执行比例最高为106.6%，最低为4.9%。

（2）引进团队和领军人才对人才政策环境和"珠江人才计划"各项政策满意度相对较高，但了解度相对较低。创新人才和创业人才在对人才政策环境和"珠江人才计划"的满意度评价中，满意度最高的均为"人才引进政策"和"政府投入"，最低的分别是"项目资金管理政策"和"引才引智运行机制"。如图4-11所示：

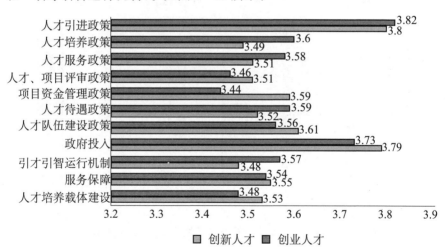

图4-11　团队及领军人才对人才政策环境和"珠江人才计划"的满意度评价

与满意度相比，引进团队和领军人才对人才政策环境和"珠江人才计划"的了程度相对较低。创新人才和创业人才了解程度最高的分别是"人才待遇政策"和"政府投入"，最低的分别是"人才培养载体建设"和"人才培养政策"。如图4-12所示。

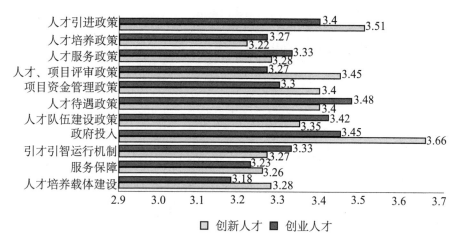

图 4-12　团队及领军人才对人才政策环境和"珠江人才计划"的了解度评价

（3）团队和领军人才对部分人才配套政策重要性满意度差值较大，税收优惠和知识产权保护问题亟待解决。

不同类型人才关注配套政策的角度既相同又不同。对于人才配套政策的重要程度，创新人才、创业人才、同事、用人单位、创新团队和领军人才总体判断基本一致，都认为"知识产权保护程度"和"资助科研项目力度"是两个最重要的方面，而"社会中介服务机构活跃程度"重要性评价较低。满意程度指标与重要性比较相似，"资助科研项目力度"和"知识产权保护程度"相对较满意，"社会中介服务机构活跃程度"最不满意。但是，满意度得分均低于重要性得分。

对比重要性满意度差值，创新人才差值最大的三项是"资助科研项目力度"、"知识产权保护程度"和"创业启动资金支持"，而创业人才差值最大的三项是"税收政策优惠程度""知识产权保护程度"和"法律法规执行力度"。不同类型人才的差值表现略有不同。但差值最大的三项多集中在："税收政策优惠程度""知识产权保护程度"和"资助科研项目力度"如表 4-7 所示。

表 4-7　各类人才对人才配套政策重要性和满意度差值前三位评价

创新人才	创业人才	国内同事	用人单位	创新团队	领军人才
资助科研项目力度（0.82）	税收政策优惠程度（0.76）	知识产权保护程度（0.68）	税收政策优惠程度、创业启动资金支持（0.59）	知识产权保护程度（0.75）	税收政策优惠程度、知识产权保护程度（0.90）

续表

创新人才	创业人才	国内同事	用人单位	创新团队	领军人才
知识产权保护程度 (0.80)	知识产权保护程度 (0.70)	资助科研项目力度 (0.65)	资助科研项目力度 (0.58)	税收政策优惠程度 (0.74)	创业启动资金支持 (0.83)
创业启动资金支持 (0.76)	法律法规执行力度 (0.45)	创业启动资金支持 (0.64)	知识产权保护程度 (0.56)	资助科研项目力度 (0.65)	资助科研项目力度 (0.78)

（4）各类人才对经济社会环境重要性评价较高，满意度评价相对较低。创新人才和创业人才对经济社会环境重要性评价得分较高，最高的是"基础设施要素"，较低的是"政府政策环境要素"和"社会人文环境要素"。如图4-13所示。

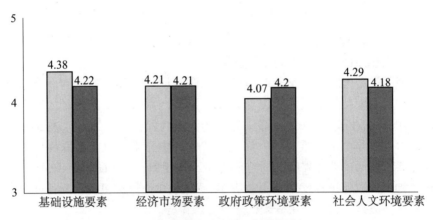

图4-13　各类人才对目前经济社会环境重要性的评价

与重要性评价相比，创新人才和创业人才对目前经济社会环境满意度得分相对较低，高的是"基础设施要素"和"经济市场要素"，低的是"政府政策环境要素"和"社会人文环境要素"。如图4-14所示：

（5）各类人才对组织、团队环境重要性评价较高，但满意度评价相对较低。创新人才和创业人才对组织、团队环境重要性评价中得分最高的均为"创造力的促进或激励因素"，最低的均为"与其他科研团队交流学习机会"。如图4-15所示。

与重要性评价相比，创新人才和创业人才对组织、团队环境满意度评价相对较低，得分最高的分别是"团队成员自治和自由度"和"创造力的促进或激励因素",最低的均为"与其他科研团队交流学习机会"。如图 4-16 所示。

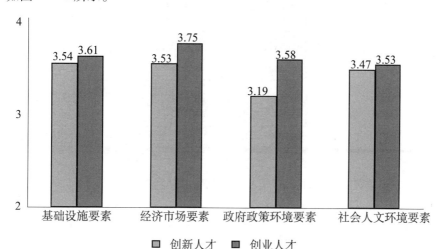

图 4-14 团队及领军人才对目前经济社会环境满意度的评价

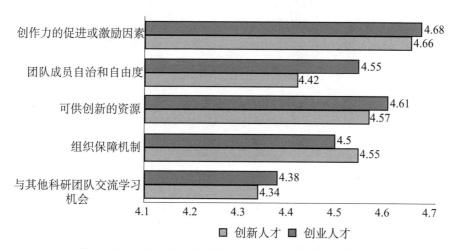

图 4-15 团队及领军人才对组织、团队环境重要性的评价

此外,各类人才对团队认同感和凝聚力评价较好,且团队凝聚力评价高于团队认同感。创新人才的团队凝聚力高于创业人才,但创业人才的团队认同感高于创新人才。如图 4-17 所示。

(6)各类人才对工作满意度和职业满意度较高,压力感知程度低。引进人才的职业满意度和工作满意度较高。创新人才和创业人才的职业

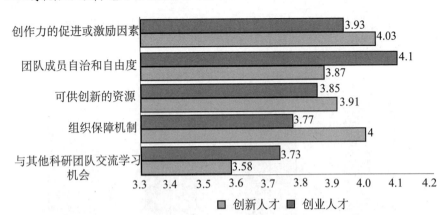

图 4-16   团队及领军人才对组织、团队环境满意度的评价

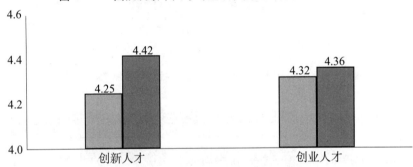

图 4-17   团队成员对团队认同感和凝聚力的评价

满意度均高于工作满意度，且创新人才的职业满意度和工作满意度均略高于创业人才。如图 4-18 所示：

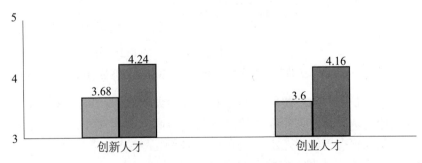

图 4-18   引进人才对工作满意度和职业满意度的评价

各类人才的压力感知程度均较低，创新人才的压力感知程度略低于创业人才。如图4-19所示。

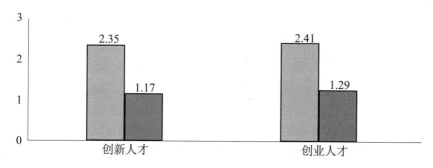

图4-19 各类人才对压力感知的评价

（7）各类人才对归国后实际工作感受与心理预期匹配情况较好，但工作环境仍存在不便。创新人才和创业人才对归国后实际工作感受与心理预期的匹配情况整体较好，得分最高的是"业绩预期"和"项目进展预期"，最低的是"政策实施效果预期"和"组织保障预期"。如图4-20所示。

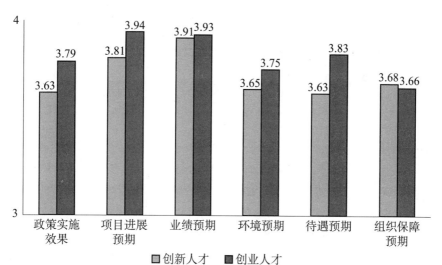

图4-20 引进人才对归国后实际工作感受与心理预期匹配情况的评价

引进人才反映在当前科研环境中存在"项目的资助强度和时间期限不够""科研项目申报手续复杂"等问题，创业过程中存在"人才匮乏""资金不足"和"国内税收较重"等问题，如图 4 – 21 和 4 – 22 所示。

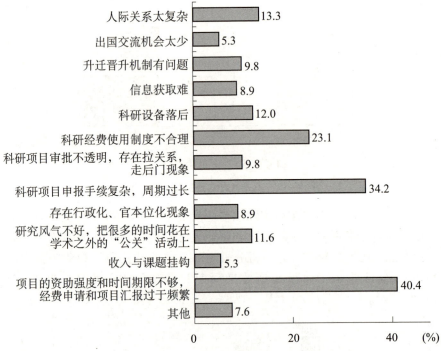

图 4 – 21　创新人才对所在单位科研环境主要存在问题的评价

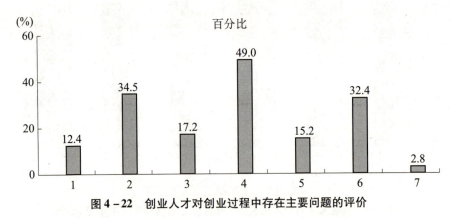

图 4 – 22　创业人才对创业过程中存在主要问题的评价

（8）近七成创业人才认为创业环境较好，但仍存在不足之处。 66.9% 的创业人才认为创业环境的总体情况比较好或非常好，23.4% 的创业人才认为创业环境一般。创业人才对企业所在位置重要程度最高的前三位是"能招募到有胜任力的员工""租用厂房的成本"和"高新技术产业开发区/科技园"的形象；满意度最高的前三位是"高新技术产业开发区/科技园的形象""区位优势""租用厂房的成本"。如图4－23所示。

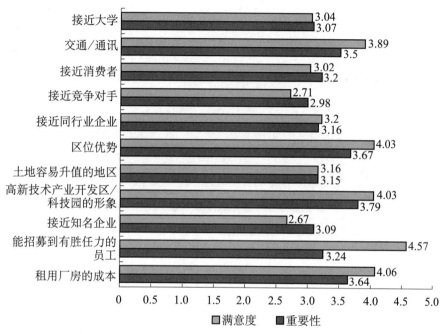

图4－23　创业人才对企业所在位置的重要性和满意度评价

创业人才对咨询来源重要程度最高的前三位是"管理团队""客户"和"家庭"；满意度最高的前三位是"管理团队""家庭""高新区/科技园部门"。如图4－24所示。

创业环境仍存在不足，创业人才认为存在主要问题最多的三项是"招聘合适人才太难""税收太重""对企业限制太多"等。如图4－25所示。

（9）约七成的人才认为生活环境比较好，但房价、食品安全问题仍是生活环境存在的主要问题。约70%创新人才和创业人才认为生活环境比较好或非常好，且没有人认为生活环境非常不好。如图4－26所示。

但在对生活环境存在问题的评价中，创新人才认为问题存在最多的三项分别是"房价太高""食品安全问题"和"交通太拥堵"。与此类

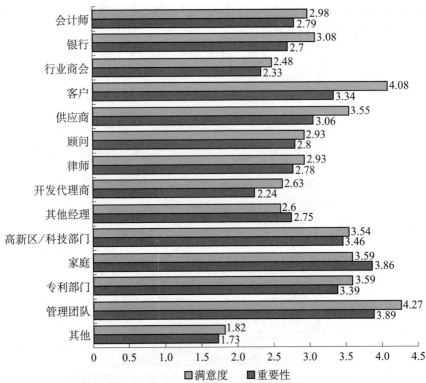

图 4 - 24 创业人才对咨询来源的重要性和满意度评价

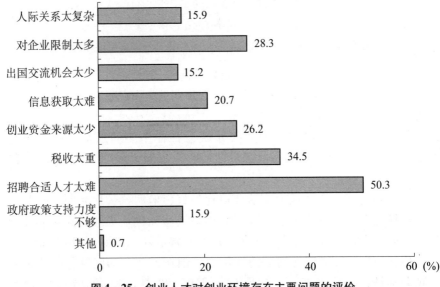

图 4 - 25 创业人才对创业环境存在主要问题的评价

似，创新人才评价最多的三项分别是"食品安全问题""房价太高"和
"空气、水等污染严重"。如图 4-27 所示。

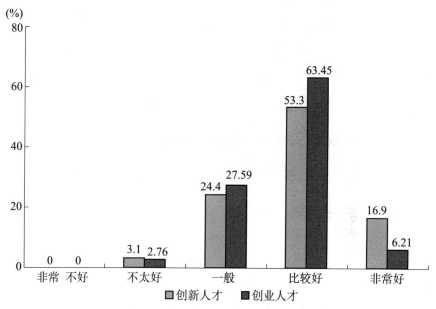

图4-26 创新人才和创业人才对生活环境的评价

（10）引进人才家属理解和支持人才来粤工作比例较高，但跟随来粤
人数较少。70% 的引进人才家属对其回国在广东工作表示理解和支持，
而不理解不支持的家属所占比例不足 1%。但是家属跟随来粤较少，引进
团队中仅有 5 位团队带头人家属跟随来粤，领军人才中仅有 8 位家属跟随
来粤生活。引进人才家属对"珠江人才计划"特殊生活待遇落实情况评
价较低，得分最高不超过 3.33 分。得分最高的分别是住房（租房）和医
疗待遇，最低的都是绿卡、签证。如图 4-28 所示。

（11）引进人才的结构问题。首先，引进人才年龄结构有待优化。引
进人才的年龄偏大，平均年龄 55.8 岁，最大的为 83 岁，有 9 成以上的引
进人才超过 46 岁，青壮年引进人才偏少。其次，引进人才所属单位性质
结构有待优化。45 个团队和领军人才由高校及科研院所引进，占比
72.6%；17 个团队和领军人才由企业引进，占比 27.4%。此外，创新型
的人才引进较多，而创业型人才引进较少。

（12）人才引进工作本身的问题。总体来说，引才工作扎实有效，人
才环境建设稳步推进。但是，在经费执行比例、政策宣传、税收优惠和

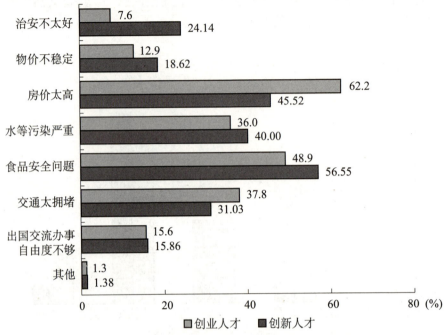

图 4-27　创新人才和创业人才对生活环境存在问题的评价

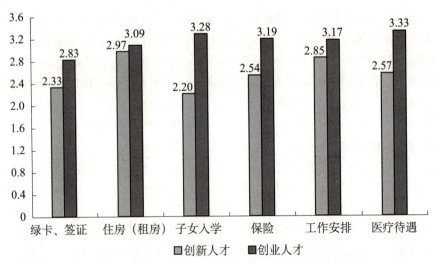

图 4-28　引进人才家属对"珠江人才计划"特殊生活待遇落实情况评价

知识产权保护问题、经济社会环境、组织团队环境改善等，一系列人才配套措施的工作仍有提高的空间。

4.2.3 影响高校协同创新绩效的关键因素分析

综合分析评估过程中的各项调查统计资料及访谈结果看来。以下几个方面在协同创新绩效的影响因素中的重要性评价较高。

第一，人才发展计划。人才引进计划因素得到了引进人才、用人单位还有国内同事，三者的共同承认。其中有超过九成的引进人才和用人单位管理者、超过八成的国内同事、认为实施"珠江人才计划"有必要或非常有必要。他们一致认为"珠江人才计划"对"引进一批国内急需的高校科研人才""培养人才"两个方面具有重要的作用，而且其可能性较大。

第二，经费到位率与执行率。引进团队和领军人才的省财政拨付专项工作经费到位率较高，用人单位配套工作经费到位率相对较低。经费执行比例差值较大。"兵马未动，粮草先行"，经费到位是海外人才开展创新、创业工作的基础，可以看到在政府拨付经费到位率显著高于用人单位配套工作经费。

第三，税收政策优惠程度、知识产权保护程度和资助科研项目力度等配套政策。各项配套政策中，此三项因素在重要性评价得分中都普遍比较高，受到引进的海外人才的普遍高度重视。

第四，基础设施要素和经济市场要素。在重要性评价中，引进人才普遍认为这两者在经济社会环境评价中的重要性很高。

第五，组织团队建设。其中的团队凝聚力和创造力的促进或激励因素重要性评价得分最高。引进人才对组织团队环境的重要程度评价很高，其中团队凝聚力和创造力激励因素的重要性受到引进人才的一致认可。

第六，海外人才家属的支持。本次评估中，大部分家属虽然大部分理解和支持人才来粤工作，但是跟随来粤的很少，这对人才到岗工作的时间是一个很直接的影响因素。引进人才家属对"珠江人才计划"特殊生活待遇落实情况普遍较低。

第七，项目评审与项目资金管理。海外人才对这两项的满意度评分普遍较低，恰好说明了其主观重视的态度较高。

4.3　我国高校协同创新绩效评价指标设计

4.3.1　指标设计依据与理论基础

包括《中央人才工作协调小组关于实施高层次科研人才引进计划的意见》《引进高层次科研人才暂行办法》《国家中长期人才发展规划纲要(2010~2020)》，以及《国家高校科研人才特殊支持计划》等，并参考2012年《广东省引进创新科研团队和领军人才绩效评估实施方案》，结合经济社会发展十二五规划、转型发展目标和关键产业需求等方面构建评估指标。此外，还希望强调现实作用和未来引领相结合。

指标体系构建涉及的理论和技术主要包括：公共政策评估理论、绩效评估理论、团队建设理论、人－环境匹配理论、预期理论、心理契约理论、360度评价方法、平衡计分卡理论等。图4－29呈现了理论框架关系。

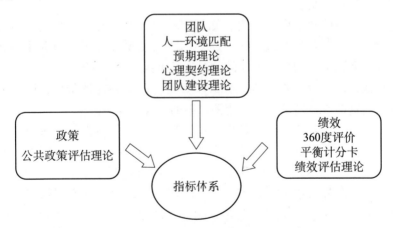

图4－29　高校科技人才创新绩效评估理论框架

4.3.2　指标的选择

首先，选取团队绩效、团队建设和团队成长作为一级指标。本研究综合国家政策依据，团队、绩效、政策等方面的理论，同时参考了广东省案例，更加重视评价团队合作的效果。

结合前文广东省案例中影响海外人才创新绩效的因素的分析，对其中影响绩效的关键因素指标予以保留，包括：环境预期、社会环境、经济环境、创新环境、人才引进政策、人才服务政策，政府投入、组织创新氛围、团队合作能力。

显然，广东案例的绩效评价体系，是否适用于推广到团队式引进的绩效评估中，有待商榷。其一，该评估方案的评估对象，并非仅仅是对引进的海外创新科研团队，还包括领军人才。因此，各项指标的设计与权重分配并未突出团队式引进的特殊性。其二，这次评价设计的流程多，访谈涉及的对象复杂庞大，评估组的规格高，一般的海外人才团队引进绩效评估案例都难以完全复制。正因为其规格高，设计复杂，评估指标涉的方面比较完善，因此是我国以后海外人才引进绩效评估工作的重要案例借鉴。

最后，综合分析案例的访谈统计结果，将访谈评价中，得到重要性评价最低的若干指标排除，同时对于剩下的若干指标按照与团队评估相关的重要程度予以选择性保留。

4.3.3 指标体系构成

从决定事物发展过程，它辩证关系看，团队建设水平和行动意愿是影响其绩效的内在，而政策环境是影响其绩效的外因，内外因共同决定了高校科研创新人才团队的业绩和发展。结合相关理论、政策和实际，形成了此次评估的三级指标体系表，如表4-8所示。

表4-8 海外人才团队式引进绩效评估指标体系

一级指标	二级指标	三级指标	指标说明	备注
团队绩效	学术成果	成果数量	发表论文数、出版专著数、承担项目数	定量指标
		成果质量	引进期间科研成果获奖情况、申请发明专利数、已授权专利数、参与或主持制定国际国内标准数、开发新产品数	定量指标
	经济效益	直接效益	销售额/利润额	定量指标
		间接效益	带动相关产业产值	定量指标
	社会影响力	获得的社会荣誉		定量指标

续表

一级指标	二级指标	三级指标	指标说明	备注
团队建设	到岗率	按约到岗的工作时长		定量指标
	团队氛围	内部工作创新氛围		定性指标
	团队结构	人才梯队建设	团队人员年龄结构、人才的内部储备	定性指标
		人才互补性	专业合作方向互补性、能力互补性	定性指标
	团队合作	团队合作稳定性	人员流失更换比例	定量指标
		团队凝聚力		定性指标
	压力感受	压力感知	对工作压力的感受程度	定性指标
团队成长	成长环境	社会环境	居住条件、医疗服务、社会保障状况、子女入学、基础设施、现代服务业、社会包容度、知识产权服务与保护、社会创新氛围、创新资源等	定性指标
		经济环境	财税政策体系、投融资渠道、风险投资机制、政府投入到位情况	定性指标
		政策环境	人才引进政策、人才服务政策、人才培养政策等满意程度	定性指标
	成长状况	团队核心成员数量增长比率		定量指标
		团队人均产出绩效增长比率		定量指标

　　海外人才团队式引进的绩效评估指标体系由 3 个一级指标、10 个二级指标还有 17 个三级指标构成，三级指标中包括 9 个定量指标，8 个定性指标。

4.3.4　各指标权重

　　首先，两两比较判断矩阵的构造。通过建立的海外人才团队式引进绩效评估体系，结合当前海外人才的引进工作中的实际情况，对一级指标，即"团队绩效""团队建设""团队成长"两两比较，得到以下评价矩阵。

$$A = \begin{bmatrix} 1 & 2 & 2 \\ 1/2 & 1 & 1 \\ 1/2 & 1 & 1 \end{bmatrix} \quad\quad\quad (4.1)$$

（1）将判断矩阵 A 的每一列向量进行归一化，得到 $B = (b_{ij})_{n \times n}$ ，

因为 $b_{ij} = \dfrac{a_{ij}}{\sum\limits_{k=1}^{n} a_{kj}}$ ，则可计算：

$$\sum_{k=1}^{3} a_{k1} = 1 + \frac{1}{2} + \frac{1}{2} = 2$$

$$b_{11} = \frac{a_{11}}{\sum\limits_{k=1}^{3} a_{k1}} = \frac{1}{2}$$

同理，可得：

$b_{21} = \dfrac{1}{4}, b_{31} = \dfrac{1}{4}$

$b_{12} = \dfrac{1}{2}, b_{22} = \dfrac{1}{4}, b_{32} = \dfrac{1}{4}$

$b_{13} = \dfrac{1}{2}, b_{23} = \dfrac{1}{4}, b_{33} = \dfrac{1}{4}$

则，
$$B = \begin{bmatrix} 1/2 & 1/2 & 1/2 \\ 1/4 & 1/4 & 1/4 \\ 1/4 & 1/4 & 1/4 \end{bmatrix} \quad\quad\quad (4.2)$$

（2）按行相加，则有：

$$M_1 = \sum_{j=1}^{3} b_{ij} = 1/2 + 1/2 + 1/2 = 3/2$$

同理，
$M_2 = 3/4$
$M_3 = 3/4$

则 $M = (3/2 \quad 3/4 \quad 3/4)$

（3）将向量 M 归一化，得到特征向量 W。

$$\sum_{i=1}^{3} M_i = 3/2 + 3/4 + 3/4 = 3$$

$$W_1 = \frac{M_1}{\sum\limits_{i=1}^{3} M_i} = \frac{\dfrac{3}{2}}{3} = \frac{1}{2}$$

$$W_2 = \frac{1}{4}$$

同理，

$$W_3 = \frac{1}{4}$$

所求特征向量 $W = \left(\frac{1}{2}, \frac{1}{4}, \frac{1}{4}\right)^T$

（4）一致性检验：

$$C.I. = \frac{\lambda \max - n}{n - 1} \qquad (4.3)$$

$$AW = \begin{bmatrix} 1 & 2 & 2 \\ 1/2 & 1 & 1 \\ 1/2 & 1 & 1 \end{bmatrix} \begin{bmatrix} 1/2 \\ 1/4 \\ 1/4 \end{bmatrix} = \begin{bmatrix} 3/2 \\ 3/4 \\ 3/4 \end{bmatrix}$$

$$\lambda \max = \frac{1}{3} \sum_{i=1}^{3} \frac{(AW)_i}{W_i} = \frac{1}{3} \left(\frac{3/2}{1/2} + \frac{3/4}{3/4} + \frac{3/4}{3/4} \right) = 3$$

$$C.I. = \frac{3-3}{3-1} = 0$$

查表当 $n = 3$ 时，R.I. $= 0.58$

所以，C.R. $= \dfrac{C.I.}{R.I.} = \dfrac{0}{0.58} = 0 < 0.1$，即权重向量 W 可以接受。

因此，团队在团队引进的风险中所占权重最大为 0.5，其次为团队建设和团队成长，均为 0.25。

同理，依次对各级指标建立相对应的比较评价矩阵得到各个指标的权重。然后进行加权处理，最后得到以下按百分比表示的考虑指标权重分配的绩效评价体系，见表 4-9。

表 4-9　考虑指标权重分配的海外人才团队式引进的绩效评价体系

一级指标	二级指标	三级指标	指标说明	备注
团队绩效（50%）	学术成果（23%）	成果数量（10%）	发表论文数、出版专著数、承担项目数	定量指标
		成果质量（13%）	引进期间科研成果获奖情况、申请发明专利数、已授权专利数、参与或主持制定国际国内标准数、开发新产品数	定量指标
	经济效益（23%）	直接效益（15%）	销售额/利润额	定量指标
		间接效益（8%）	带动相关产业产值	定量指标
	社会影响力（4%）		获得的社会荣誉	定量指标

续表

一级指标	二级指标	三级指标	指标说明	备注
团队建设 (25%)	到岗率 (8%)		按约到岗的工作时长	定量指标
	团队氛围 (3%)		内部工作创新氛围	定性指标
	团队结构 (4%)	人才梯队建设 (2%)	团队人员年龄结构、人才的内部储备	定性指标
		人才互补性 (2%)	专业合作方向互补性、能力互补性	定性指标
	团队合作 (8%)	合作稳定性 (4%)	人员流失更换比例	定量指标
		团队凝聚力 (4%)		定性指标
	压力感受 (2%)		对工作压力的感受程度	定性指标
团队成长 (25%)	成长环境 (15%)	社会环境 (6%)	居住条件、医疗服务、社会保障状况、子女入学、基础设施、现代服务业、社会包容度、知识产权服务与保护、社会创新氛围、创新资源等	定性指标
		经济环境 (6%)	财税政策体系、投融资渠道、风险投资机制、政府投入到位情况	定性指标
		政策环境 (3%)	人才引进政策、人才服务政策、人才培养政策等满意程度	定性指标
	成长状况 (10%)	团队核心成员数量增长比率 (5%)		定量指标
		团队人均产出绩效增长比率 (5%)		定量指标

4.4　高校协同创新绩效提升的对策思考

　　成员普遍认为外部支持是团队建设的重要影响因素，但对其满意程度较低，指出活动场所等条件的限制成为阻碍成员交流、团队发展的普遍问题，僵硬的经费管理制度、行政干预和教学束缚、职称评定标准与团队考核脱节等各方面也影响着团队建设。为之后的团队建设提供了些许启示，我们应着力于解决这些问题，在软硬件支持、经费管理、后续服务、成果认定和转化、激励考核机制等方面进一步完善或改革。

（1）进一步完善制度建设，加强政策支持和制度保障。

一是，要改革课题管理制度。对于优秀的青年科技人才而言，副高级以上职称的占51%，还有近50%的人才职称在初级和中级上。因此，很多科研项目的申报都附加有副高职称以上的条件，这实际上是不完全合理的，也是不科学的；这样做无形中将很多只有初级和中级职称的优秀人才排斥在外了。为此，各级政府组织或科研院所需要改革科研项目和科研基金的管理办法，打破条条框框，坚持能力第一，公平竞争的原则，对广大的青年科技人才敞开大门。

二是，改进高层次人才培养模式和方法。本次调查发现，优秀人才拥有博士学位的只有一半稍高（53.3%），而大量的拥有博士学位的青年科技人才还处于起步和发展阶段，创新行为和创新能力不是很高。这应该也从一个侧面揭示了目前我国的博士培养质量上的问题，也是给我们有关各方的一个警示。博士研究生理应成为我国科技创新的一支重要力量，假如这支队伍的培养和建设出现了问题，那么，对创新型国家建设的危害将是巨大的。

三是，改革职称晋升制度，给青年科技人才更大的发展预期和晋升空间。从本次实证数据分析发现，职称对青年科技创新行为有影响，三分之一以上的青年科技人才参与创新活动的动机是为了职称晋升的需要，因此，解决好青年科技人才特别是优秀人才的职称问题，有助于提高他们的创新动机，改善其创新行为。

四是，改革科研支持政策和经费管理办法。扶持基础性研究，简化科研行政流程；制度保障方面，为优秀人才和团队给予一定的优惠措施；经费管理方面，制定灵活的经费给付和报销制度，特别应放松苛刻的经费使用时限，鼓励经费自筹。

（2）重视创新投入，构建面向青年科技人才的科技投入机制。

调研中，笔者发现获得青年人才资助的有37.2%，资助面还比较有限；其次工作的物理环境也存在不足。有些学校的教师基本都没有自己的办公室（包括教授），也很少开会（有的系一个学期只开过一次会，有什么事都是教学秘书电话通知），因而，交流机会很少，难以形成团队，更难创新。

创新投入包括目前工资吸引力、决策咨询/科技服务机会与收入、医疗保险住房补贴、其他物质生活条件、用于学术创新物质资源的丰富程度 5 个方面的量表测量。创新投入是创新的物质保障，对于创新具有基础性的作用。青年人才对于创新的物质投入评价较低，认为当前的物质资源并不理想，而且在创新投入标准差较大，反映不同个体之间存在比较明显的差异，尤其是在工资外收入部分，方差超过 1 达到了 1.202。

实证研究的结果告诉我们，对于青年科技人才管理而言，提供充分的科研设施、资金等创新资源以及更进一步地改善组织的创新气氛，有利于改善青年科技人才的科学精神，有助于提高创新绩效和改善创新行为。从调查的情况统计来看，青年科技人才从事科研工作最主要的动机还是来自于工作压力，以兴趣作为动机的只有 32.4%；1/3 以上的青年科技人才最需要自我的实现与发展，而将近一半的人才则追求生活稳定有保障与报酬。

近年来，我国全社会研发经费投入逐步提高，占我国 GDP 总量的 1.49%。研发经费的大幅增长为科技发展提供了强有力的物质保障。[①] 但是，实证研究发现，无论是优秀的青年科技人才还是其他类人才，对工资收入、科技服务收入都不是很满意。这也说明，目前国家对青年科技人才投入还不足。优秀人才对薪酬、资源投入和环境建设等外部影响因素也很重视，尽管这些外部因素在青年科技人才创新行为过程中只起到辅助作用，但是，加强外部投入有助于青年科技人才科学精神的培养和提升。

依据实证研究和访谈的结果分析，笔者认为，重视科技投入工作，需要做好以下几项工作。

其一，将面向青年科技人才的创新资源投入作为一种战略投资，从国家、地区及组织发展目标需求出发，科学制定科技投入条例，提高面向青年科技人才的财政科技投入的保障能力。

其二，提高青年科技人才的待遇，避免"脑体倒挂"现象。美国的普通工人工资与工程技术人员工资比为 1:1.59；英国的工人与技术人员的工资比为 1:1.56；墨西哥的普通工人与博士学位获得者的工资之比为 1:3.3，与高科技人员工资比为 1:4.6；印度的普通工人工资与初级科技人员的工资比为 1:3，与教授的工资比为 1:5。总的看来，脑体劳动者的工资比，发达国家为 1:1.35 左右，发展中国家为 1:1.35，而我们国家

---

① 国信研究中心：《山河管理参考》，2008 年 12 月，第 12 辑，第 69 页。

"脑体倒挂"的问题还十分突出。①

其三，为优秀的青年科技人才提供专项科研项目及经费资助。项目是科技人才发挥作用的关键载体，经费是干事创业的根本保障。但受经济总体水平低的制约，很多青年科技人才在这两方面的竞争中都处于明显劣势，经费和项目日益成为科技人才管理与开发中的"软肋"。青年人才普遍项目小、经费少，信息少、渠道少，"内外交困"导致事业发展的空间小、机会少，有想法、没办法。特别是经济欠发达的西部地区，由于工资待遇与发达地区差距不断拉大，激励表彰力度不够，进一步加剧了青年科技人才队伍军心不稳、人心思走。

其四，重视研究基础设施配套，注重成果转化平台建设。设施建设方面，为科研团队提供便利的、可供交流讨论的固定活动场所；平台打造方面，建立良好的宣传渠道转化研究成果、提升团队影响力，建设科研院所或为优秀的青年科研团队提供持续的经费支持。

研究发现，相对而言，211高校的青年教师更容易获得科研项目和资金，因此，他们更为关注创新的环境。而非211高校情况则不然，这里的青年教师较难获得项目和资金，尽管同样关注创新环境建设，但相对来说，对项目和资金的关注也很多。如何处理两类高校的差别，有针对性地制定青年人才创新激励措施，这一点应该引起人才管理和科研项目部门的重视。

（3）基于创新目标分析，注重和完善团队组织建设。

虽然成员普遍表示对团队内部支撑因素较为满意且是团队建设的非重要影响因素，但在之后的团队建设过程中也应注意某些问题：1. 团队研究方向要一致、明确、细化并有纵深性，团队目标要有生命力、是成员感兴趣的、能够整合个体目标；2. 团队规模应适中，3~8人的团队规模比较好。团队建设的根本的问题是：团队目标分析，以及基于团队目标分析下的团队成员选拔及其组织建设。

根据张相林前期研究，外在影响因素（包括：任务设计、创新投入、创新环境三个方面）中，任务设计变量与外在因素的相关度为0.559。此外，外在因素还影响到了组织创新气氛，其相关度为0.668。因此，加强科技创新投入和科学合理地设计和分配创新任务，可以帮助改善组织创

---

① 巴浩洁：十年来党的知识分子政策效果分析及其对策研究，http://blog. sina. com. cn/s/blog _ 5e1aa7710100btyv. html ~ type = v5 _ oneandlabel = rela _ prevarticle.

新的心理气氛。为此，研究创新的任务设计对于改善青年科技人才的创新动机、创新兴趣，进而影响其科学精神有着重要的意义。

所谓任务，是工作活动中一组具有特定目标的行为组合。任何一项任务一般都具有以下几个特点：具备执行任务所需的前提条件，有特定的目标，有明确的开端和终端，发生在一定的时间内，任务可能涉及的人员等。[①] 科技人才的创新任务，也是这样一组具有特定目标的行为组合。考虑到科技创新的特点，创新任务设计主要涉及这样几个问题：第一，任务的数量。任务的数量是与任务承担者的能力、精力等密切相关的，目前，项目资金和课题都过于集中于少数专家手中，这些人在有限的时间、精力和能力下，承担了过多的科研任务，其结果必然是疲于应付，难以实现预定的目标，其个人的能力和绩效也无法得以实现。第二，任务的难度。第三，任务的目标和成果要求。第四，任务的时间要求。第五，任务成功与否对职位安全的影响。第六，承担任务者与所承担的任务是否匹配。

从实证研究和专业访谈结果分析来看，目前，很多高校的教师一旦在科研方面取得成就，为了留住人才或者激励人才，各级政府及学校管理部门往往会采取委派一定的行政职务的方法。让科学家担任行政职务固然对学校的发展有利，但是，对科学家本人而言，则意味着从此要把大量的宝贵时间用于琐碎的行政事务，而不是科学研究。这不能不说是对优秀人才的一种浪费。

任务设计方面，优秀青年科技人才的分数要明显高于平均水平，说明优秀人才的任务设计要好于一般水平。这也从一个侧面告诉我们，科学地设计好创新任务，为任务制定清晰的目标，匹配合适的人员，确保任务完成所需要的时间，同时，合理地界定任务的难度和成果要求，对于科技人才创新绩效的提高是有益的。

（4）加强领军人才的作用前提下，拓宽团队成员开发的广度和深度

在实际的人才管理中，应该制定更为科学人才选拔标准，完善人才甄选方法，公平、公正、高效地选拔那些有科学精神良好、创新能力强的青年科技人才，建设"优秀人才资源池"，作为重点扶持的对象和科研创新团队负责人。

一是，集中资源，加强优秀人才和领军人才的培养和服务。资金投

---

① 萧鸣政：《工作分析的方法和技术》，中国人民大学出版社 2002 年版，第 105、106 页。

入不足是制约科技创新人才队伍建设的"瓶颈"。在政府财力紧张的情况下，面向社会整合资源，为人才创业筹集资金，对重点项目、优秀人才、青年科技领军人才、拔尖人才团队进行资助、扶持和奖励。为此，需要落实专项资金扶持领军人才。按照《中长期科学和技术发展规划纲要》及其若干配套政策要求设立领军人才专项资助资金，对领军人才和创新团队给予资助。各行业主管部门及优秀人才所在单位要落实配套经费，形成多渠道的资助机制和多元投入机制。①

二是，以科研项目为载体，培养和集聚优秀人才和领军人才。统计数据表明，科研资历方面，优秀人才参加创新团队、主持课题、获得科研专项资助也更多，45.3%的优秀人才获得过科研资助，68.7%的人主持过科研项目，68.0%的属于创新团队的成员。优秀人才在创新阶段方面更多处于快速成长和高产期，占总人数的65.6%；一般人才中处于起步阶段的人数较多（46.6%）。

这说明了科研经历和及时的科研资助，对于青年科技人才的快速成长非常重要。那些缺少项目和资金的青年科技人才，其创新过程中面对的困难要多得多，创新兴趣和动机就很难持久。

三是，改善外部条件，更要高度重视普通团队成员的科学精神的培养和提升。从科学精神来看，优秀人才明显好于一般人才，除了在抵制外部诱惑方面差别不大，在外部因素方面，优秀人才的分数要明显高于平均水平，说明优秀人才的外部资源也较平均水平丰富。但相比于科学精神，优秀人才在外部因素各方面优势幅度较小，说明优秀人才主要是内部因素较好，外部因素有优势但并不大。这也证明了本研究总体的理论模型，内部因素，即科学精神才是影响创新行为最重要的因素，外部因素和组织创新气氛只起到辅助作用。

（5）倡导创新文化，培育和改善团队创新氛围。

本研究团队在以前的研究中发现，创新环境变量是青年科技人才创新行为外在因素的主要方面。这也和访谈过程中的发现相一致。青年科技人才在科研主动性、敢于尝试挑战性课题以及学术严谨性方面都比较好；但创新投入的时间并不多，对于外部干扰诱惑的抵制状况就更不理想，这反映出当前整体社会环境对于科研创新的不利影响。②

---

① 吴江主编：《人才强国战略论》，党建读物出版社2008年版，第109页。
② 张相林：《青年科技创新人才创新行为影响因素实证研究》，经济科学出版社2010年版。

对于青年科技人才而言，尽管创新的投入是否充足、所承担的创新任务是否合适很重要，但是，他们更为关注的是创新的环境，既关注组织内的又关注组织外的创新环境。组织内的环境主要体现在组织的文化是否宽容、自由，晋升空间和发展预期如何，内部公平性如何，以及外部环境中的资源获取、生活环境质量、子女就业与教育质量、家庭的社会保障等方面。因此，改善创新的环境质量，应该成为各级科技管理部门工作的重点。

组织内创新环境建设包括：组织内政策支持、个人发展及预期、组织文化、组织内创新基础结构、领导支持及同事支持等。组织内政策支持涉及薪酬制度、人才评价与考核制度、职称晋升制度、人才流动制度等多方面内容；组织内创新基础结构包括：科研定位、组织发展战略、学科构成、人才结构、创新资源的投入能力等内容。组织内环境建设的重点有以下几点：

第一，采取一些突破性的政策措施加强青年科技创新人才队伍建设。一是鼓励各级科技人才管理部门成立青年科技人才创业基金。二是赋予用人单位采取更加灵活的政策为青年科技人才（特别是其中的优秀人才）改善住房、提高待遇，积极创造条件加大对优秀科技创新人才的激励保障力度。三是强化各级政府统筹协调职能。在科研立项、经费争取、重大奖项评审等方面，改变以往科技人才单兵作战、疲于奔命的状况，充分发挥组织优势，壮大留人、引人、用人、育人的平台和载体，为青年科技人才多做争取工作。

第二，人才结构方面，要强调人才"使用"与"培养"，重视学科团队建设。青年科技人才的管理与开发需要摆正"使用"与"培养"二者关系，一方面需要抓青年科技人才的合理使用，使其发挥作用；另一方面要抓人才队伍的建设，要保障科技创新人才的梯队建设，避免"青黄不接"和人才断层情况出现。老一辈科学家、专家要大力培养和扶持青年科技人才。

第三，给青年科技人才更多的发展机会，提高其发展预期。接受调研的全部青年人才中，有72%的人反映，很希望出去进修和参加学术交流，但机会很少，大多数情况下只能通过自学来实现自身能力的提高。这表明，岗位培训的缺失和低效，已严重影响了青年科技人才的知识更新和素质提升。①

第四，一般而言，教师们参与国内外学术会议的机会有限，青年教师能够获得的机会相对更少。因此，高校科研管理者以及相关政府部门，应该加大对非211高校青年教师的支持力度，为他们尽可能多地提供学术交流、外出学习的机会和帮助。

第五，必须在彻底打破平均主义分配格局的同时，确定以贡献大小为分配依据的分配模式，把有限的财力用在刀刃上，促进人才奋发向上。

为此，团队建设应该注重团队成员团队意识、研究能力和创新兴趣等重要素质的培养，重视成员学生的科研素质打造；鼓励团队成员提出不同意见，容许适当的观点冲突；规范内部制度，经费收支应透明。

（6）尊重人才成长与科学研究的规律，改进青年科技人才评价机制。

尊重人才成长规律，就是要做到在创新绩效考核时，把学识、业绩和贡献与其发展潜能考核相结合；淡化科研成果的数量，强化研究质量和市场转化。尊重人才成长的规律，就是要给青年人才充分的创新时间和自由。任何科技人才出成果有相对长的周期，应该放宽评价的时间尺度和数量标准，不要急功近利，不要过于强调发表多少论文。

目前科技界和学术界普遍存在创新绩效评价"重数量轻质量"的倾向，存在急功近利、盲目浮躁的学术风气，很少能够鼓励科研人员"十年磨一剑"，出精品佳作、出重大成果，其结果必然是导致学术泡沫、学术垃圾的产生。

针对当前科研人才评价中普遍存在的弊病，社科院、清华大学试行的"代表作"评审机制值得其他各学术单位和管理部门借鉴。科研人员只需提交考核期内1~3件自认为代表其最高水平的成果，如论文、著作、专利、设计、实验报告等，由管理部门集中送交业内同行专家评审。主要根据其中最高得分的成果决定科研人员的学术水平、等级。成果数量仅作为参考。这样就可以使学术成果的内在质量被提高到一个适当的位置，促使科研人员将主要精力放在深入研究问题、从事学术创新上，而不是把精力放在做表面工作、钻营取利、制造学术泡沫上。

正如中国人事科学院院长吴江教授所言，"科学家与领军英才不是计划出来的，有其自身成长规律"。"我国需安排专门机构和专业化人士探索并发现这种规律，这并非一般成才的规律而是超常人才成长规律。此

---

① 张相林：《青年科技创新人才创新行为影响因素实证研究》，经济科学出版社2010年版。

中便有守格和破格这样一对矛盾需要解决，而建立一种催生特殊人才的破格制度，营造一种适应其生长的环境，科技领军英才就会'破土而出'"。①

（7）科学制定团队发展目标，提升个人对团队创新目标的认知度。

从实证研究的结果来看，组织目标认知度对理工科背景的青年科技人才创新行为影响不大，而对文科背景的青年科技人才影响较大。从调查访谈也得知，大多数受访者对组织所制定的科研目标或者组织发展目标认可度不高，他们认为组织目标制定缺乏科学性，无论是综合性大学，还是专门性大学，很多学校都制定了较高的科研发展目标，并且绝大多数高校都立志要创建综合性和研究型大学，很多学校已经失去了自己的个性特点，且学校科研与教学并没有很好地结合。组织发展目标过于相似，缺乏个性，超越了组织发展的实际阶段，存在明显的盲目攀比现象；而无法实现的科研目标，必然导致了学术泡沫，甚至是学术腐败。

高等院校应该科学地确立组织创新目标，切忌好高骛远，失去个性。从本次调查和专业访谈的结果来看，对于组织目标的了解和认同是影响高校教师参与组织创新活动的重要因素，了解和认同组织目标，能够激发个体的创新动机，更好的发挥才智。而提高个体对组织目标认知度，首先还在于组织的目标制定的合理与科学性。

（8）兼顾各类团队的学科差异，制定相适应的团队管理与开发策略。

根据张相林前期研究发现，从文理科各自的创新行为模型对比来看，可以说文理科创新团队创新行为各因素的影响力基本相同，但也存在一些值得探讨的差异。调查数据显示，创新投入、创新的任务设计和创新环境 3 个维度对青年科技人才创新行为外部因素的影响力基本没有差别。相对理工科而言，文科背景下的青年科技人才更为关注组织的发展目标和科研定位，而在团队创新动机方面略有差距；在参加国内外学术交流、提出解决问题的新角度、科研方案、计划的制定与实施方面，理工科优于文科，尤其是科研方案制定和实施方面的优势显著。

实证研究中还发现，不同学科背景下的青年科技人才在创新过程中对于科学精神的要求也不一致，很明显，理工科对科学研究的严谨性、

---

① 　山东大学科技处：《建设创新型国家的显著标志——全国政协委员畅谈培养和造就科技领军英才》，载《科技通讯》2008 年第 2 期（总第 360 期），第 4 页，http：//www. kjc. sdu. edu. cn/web/kjjb/kjkx2008-02. doc。

周密性和实证性更为重视；理工科涉及面广，特别需要多人合作攻关。这是理工科科技人才管理方面需要重视的地方。而人文社科教师，尤其是目前热门的应用性学科的教师，课时负担极重，压力很大。长期超负荷运行的不良后果只能是：影响这部分教师身心健康；影响业务水平、综合素质的提高，最终影响教学质量。随着知识更新的速度大大加快，青年科技人才也同样存在着学习、提高、更新的问题。适当减轻他们的教学负担和考核指标压力，也是提供提高其科研水平的必要保障。

第 5 章

高校协同创新科研产出效率的实证研究

5.1 国家财政投入对科研产出效率的影响

5.1.1 引言

国家财政是指国家为了维持其存在和实现其社会管理职能，凭借政权的力量参与国民收入分配的活动，所以国家财政能够有效地调节资源配置、促进经济增长、促进科学教育与文化卫生的发展。目前，许多学者已经对国家财政与经济增长进行了大量的理论研究。阿罗、库尔兹（Arrow and Kurz，1970）较早从新古典增长理论框架下探讨国家财政与经济增长的关系，而巴罗（Barro，1990）在从内生经济增长理论的框架下研究国家财政与经济增长的关系。但由于研究样本、时间以及国家财政支出结构选取的标准不同，导致目前没有形成统一的结论。同时，在国内的研究，李永友、沈坤荣（2007）、严成樑、龚六堂（2009）与张淑翠（2011）的研究结论也存在很大的分歧。面对这种分歧，许多学者开始寻找国家财政影响经济经济增长的途径。格雷纳（Greiner，1996）指出国家财政可以通过人力资本投资，研究与开发来影响经济增长。一方面，国家对教育的财政支出提高了劳动者的素质，增大了劳动力供给的深度，提高了劳动者的学习能力，使其能够很快的掌握新技术，从而提高生产率（廖楚晖、唐里亚，2003）。另一方面，国家对文化卫生的财政支出能够提高劳动者的健康水平，能够很好保证劳动的完成，从而提高生产率（平新桥，2003）。但是，新增长理论与熊彼特增长理论都认为科技创新是推动技术进步和经济增长的决定性因素。对于经济增长而言，创新至关重要。相对于国外创新依靠企业与民间研发活动，我国的创新活动主要依靠国有化的科学研究、高等院校以及大型的国有企业。因此，政府对创新具有决定性影响。在企业界，政府通过研发补贴，税收优惠来激励企业从事创新活动。目前研究大多认为研发补贴与税收优惠都能对企业创新起到激励作用（安同良、周绍东、皮建才，2009；匡小平、肖建华，2007；黄永明、何伟，2006）。而对于高等学校的创新，高等院校充分发挥了对产、研的创新支撑作用；高等院校已成为促进科技向现实生产力转化的重要力量①。所以，国家财政通过科学研究方面的直接投入以及各种奖励基金来促进高校从事创新活动。

根据以上理论分析，高校科研创新对于经济增长有着至关重要的作用。目前对于高校科研创新的研究主要基于两方面展开。

一是高校科研投入产出效率的研究。通过分析每个高校的科研投入产出效率，获得提高高校科研产出效率的措施，但研究结论存在分歧。在对高校的投入产出效率研究中，数据包络分析（Data Envelopment Analysis，DEA）方法是比较常用的研究方法。阿伯特（Abbott，2003）使用数据包络方法研究了澳大利亚高校的科研投入产出效率。利用数据包络方法方法，弗兰格（Flegg，2004）直接把观测数据分离成技术效率与规模效率，并通过分析低效率状况，以实现最好的可能输出水平。在国内研究中，孙世敏、项华录与兰博（2007）用数据包络方法评价了我国29个省际高校科研投入产出效率，得出我国西部地区的高校科研投入产出效率较低。徐娟（2009）选取2006年我国31个省际高校为研究对象进行数据包络方法分析，得到高校科研的相对效率并没有区域上的差别。陆根书等（2013）运用数据包络方法方法对教育部直属高校2000～2010年进行科研效率分析，发现在教育部直属高校中，各个高校的科研效率存在显著差异。

二是根据投入产出理论，将教育视为生产与经济活动，拟采用经济学分析办法，通过建立教育资本及劳动投入为基础的投入产出模型，来具体分析投入要素的边际产出，但研究结论也存在分歧。施定国、徐海洪与刘凤朝（2009）运用面板数据的随机效应模型分析了政府科技投入

---

① 全国政协副主席、科技部部长，万钢在加强协同创新提升高校科技创新能力——万钢部长在科技部。

对高校科技支出及专利产出的影响，并且发现政府科研投入对高校科研支出以及专利产出有显著的促进作用。陈贤平（2012）对 2002 ~ 2008 年间的 30 个省市的面板数据进行分析，通过 GMM 方法估计动态面板模型得到国家对高校的科技拨款对高校科技支出有明显的促进作用，并存在滞后效应。施定国、徐海洪与刘凤朝（2009），陈贤平（2012）的研究都认为，国家科技投入对高校的科研产出存在显著的促进作用。但也有研究显示，虽然中国投入了大量的资金于高等教育，实施的效果似乎并不理想。例如，中央教育科学研究所高等教育研究中心 2009 年 12 月 9 日发布的《中国高等学校绩效评价报告》认为，对教育部直属的 72 所高校中的 69 所进行的科研投入产出绩效评估表明，近半数高校在 2006 ~ 2008 年 3 年间呈现出"高投入低产出"的特点，仅有 29 所高校呈现出"产出大于投入"的较高效益。王楚鸿、杨干生（2010）利用 1992 ~ 2006 年间中国高等学校的科研投入资金与科技产出数据，分析中国高校的科技投入产出状况，并且发现中国高等学校的科技资金投入产出效率整体偏低而且波动较大。董备义、刘斌（2010）利用灰色理论对中国高校的科研资金投入与产出进行分析，发现中国高校的科技产出主要是由投入资金量决定，是一种粗放型生产模式。

　　对于高校科研投入产出效率的研究，由于研究的样本，时间区间存在差异，导致研究结论存在分歧，同时数据包络方法分析不能具体分析各个投入要素对于产出的具体影响。而对于投入产出模型的研究，大部分研究是基于省际面板数据，没有具体到各个高校。由于高校的异质性，不同高校对于资金的吸收能力与处理能力存在很大区别，可能导致结果存在偏差。

　　以上文献给笔者研究国家财政投入对产出效率的影响提供了方向，但以上研究由于样本与方法的缺陷，导致结果存在分歧。第一，本节在国家制定"科教兴国"战略和"211 工程"背景下，以中国教育部直属的"211 工程"高校为研究对象，运用数据包络方法与参数检验研究国家财政对高校科研投入的产出效率。第二，针对数据包络方法"黑箱"分析的局限（即不能具体得到人力资源、资本等各项投入对产出的贡献程度等信息），本节使用柯布 - 道格拉斯（Cobb-Douglas）生产函数构建的面板数据模型，并将国家财政对高校的科研投入作为生产要素加入模型中，得出了国家财政对高校的科研投入与其他生产要素对高校科研产出的边际产出。第三，在考虑内生性问题下，使用工具变量与面板模型分析得到国家对高校的科研资金投入与高校的科研产出两者的关系，使结论更加具有说服力。第四，本节研究了国家财政投入在东中西部不同地区的科研投入边际产出是否存在显著差异。

5.1.2　模型构建与指标选取

（1）变量选取与模型构建。

通过对理论与实证文献的回顾可知，国家财政投入对于高校技术创新乃至经济增长有着重要的贡献。但由于研究样本、研究时间与研究层面的不同，导致研究结论存在显著差别。针对上述问题，第一，本节采用"数据包络分析"方法对的财政投入产出效率进行分析，并通过效率的比较，得到相应的效率排名，并与社会公认的高校排名进行比较分析，得到两者是否存在显著性的相关性，进而检验是否存在马太效应。第二，本节根据高校数据特征以及投入产出理论，利用 2008～2011 年"211 工程"院校的面板数据，使用柯布 – 道格拉斯函数建立回归模型，探讨国家财政投入的科研产出弹性。

一般来说，高校科研活动是一项多投入、多产出的复杂活动，针对这一特点，使用 DEA 模型进行分析。DEA 模型对指标的选取相当严格，不同指标集可能会造成产出效率偏差，限于数据的可获得性，根据高校投入产出效应分析以及参照 Friedman and Sinuany（1997），本节的投入指标包括人力与经费两方面，具体地，人力投入包括教学与科研人员[①]和研究发展人员[②]两个指标，经费投入包括国家科研资金与高校自身固定资产投入两个指标。本节的产出指标有四个，即国外学术刊物发表论文数、课题立项数、技术转让数与成果获奖数。

为了更好地分析不同的投入要素的产出弹性，本节采用柯布 – 道格拉斯生产函数，具体形式为：

$$Y = AK^{\alpha}L^{\beta}e^{\varepsilon} \tag{5.1}$$

式（5.1）中，Y 为产出量，A 为技术水平常数，K 资本投入量，L 为劳

---

①　高等学校在册职工在统计年度内，从事大专以上教学、研究与发展、研究与发展成果应用及科技服务工作人员以及直接为上述工作服务的人员，包括统计年度内从事科研活动累计工作时间一个月以上的外籍和高教系统以外的专家和访问学者。

②　统计年度内，从事研究与发展工作时间占本人教学、科研总时间 10% 以上的"教学与科研人员"。

动力人数。α 为资本产出弹性系数，β 为劳动产出弹性系数。

为了使用柯布 – 道格拉斯函数来研究国家财政投入与高校科研产出的关系，我们把式（5.1）进行扩展，结果如式（5.2）：

$$Y = AK^{\alpha}L^{\beta}E^{\gamma}e^{\varepsilon} \tag{5.2}$$

对式（5.2）两边取自然对数，得到：

$$\log(Y) = \log(A) + \alpha\log(K) + \beta\log(L) + \gamma\log(E) + \varepsilon \tag{5.3}$$

式（5.3）中 γ 是国家科研投入对高校产出的弹性。这里的指标选取和 DEA 模型指标选取一致。Y 为校发表论文数量（LW）与课题立项数量（KT），$\log(A)$ 为常数，K 为高校的固定资产（K），L 为高校的教学与科研人员（P），E 为国家财政投入（E）。由于国家对高校的科研投入是国家财政投入的重要组成部分，而且对高校科研产出有着重要作用以及数据的可获得性，本节选取国家对高校的科研投入来代替国家财政投入。

（2）数据选取与描述性统计分析。

本节选取教育部直属"211 工程"院校中的 95 所院校为研究对象。选取相应的投入产出指标，其中论文数量、课题立项数量、技术转让合同数、教学与科研人员与国家对高校的科研投入等数据来源于 2008 ~ 2011 年的《高等学校科技统计资料汇编》[①]。国家对学校的固定资产通过查询各个学校的简介以及财务信息获得。社会公认的高校排名数据从新浪网收集得到。表 5 – 1 为各个变量的描述性统计。

表 5 – 1　　　　　2008 ~ 2011 年教育部直属的"211 工程"
院校各个指标变量的描述统计

	教学与科研人员（人）	科技活动人员（人）	国家投入资金（十万）	课题数（个）	国外论文数（篇）	技术转让合同（个）	成果获奖（项）
	Panel A：2008 ~ 2011 年总样本，观测值数 = 380						
平均值	2 834.35	1 460.29	3 097.35	1 690.81	1 022.95	45.75	25.49
中位数	1 836.50	996.50	1 753.94	1 258.50	587.00	8.00	19.00
最大值	13 138.00	8 898.00	26 355.11	10 052.00	7 310.00	1 030.00	148.00
最小值	4.00	19.00	41.71	5.00	0.00	0.00	0.00
标准差	2 767.84	1 395.37	3 713.49	1 489.67	1 225.33	105.47	25.54

----

　　① 数据来源于中华人民共和国教育部科学技术司主编的《高等学校科技统计资料汇编》（2005.2011 年），目前只更新到 2011 年。同时，在 2005.2007 年汇编中，国外论文数、课题数等数据缺失，所以本书的数据区间只选取 2008 ~ 2011 年。

续表

Panel B：2008 年子样本，观测值数 = 95						
	教学与科研人员（人）	科技活动人员（人）	国家投入资金（十万）	课题数（个）	国外论文数（篇）	技术转让合同（个）	成果获奖（项）
平均值	2 748.12	1 358.66	2 299.02	1 425.24	813.98	35.88	26.20
中位数	1 825.00	997.00	1 192.35	1 034.00	542.00	5.00	19.00
最大值	12 075.00	6 408.00	12 397.08	8 804.00	4 771.00	570.00	138.00
最小值	32.00	19.00	61.99	5.00	0.00	0.00	0.00
标准差	2 702.75	1 210.00	2 610.73	1 309.01	958.20	83.11	26.58

Panel C：2009 年子样本，观测值数 = 95						
	教学与科研人员（人）	科技活动人员（人）	国家投入资金（十万）	课题数（个）	国外论文数（篇）	技术转让合同（个）	成果获奖（项）
平均值	2 822.06	1 432.07	2 842.13	1 653.16	1 018.70	43.97	26.54
中位数	1 836.00	991.00	1 500.22	1 249.00	544.00	8.00	20.00
最大值	12 491.00	7 162.00	14 569.72	10 052.00	6 738.00	636.00	148.00
最小值	46.00	23.00	42.03	12.00	4.00	0.00	0.00
标准差	2 742.10	1 353.94	3 164.11	1 483.49	1 311.71	106.77	28.63

Panel D：2010 年子样本，观测值数 = 95						
	教学与科研人员（人）	科技活动人员（人）	国家投入资金（十万）	课题数（个）	国外论文数（篇）	技术转让合同（个）	成果获奖（项）
平均值	2 826.38	1 526.22	2 941.95	1 738.79	1 112.02	54.88	24.60
中位数	1 804.00	983.00	1 706.10	1 304.00	685.00	10.00	19.00
最大值	12 709.00	8 654.00	15 621.56	8 891.00	7 310.00	1 030.00	127.00
最小值	4.00	27.00	58.13	21.00	4.00	0.00	0.00
标准差	2 767.39	1 480.52	3 207.95	1 525.70	1 313.27	133.58	23.45

Panel E：2011 年子样本，观测值数 = 95						
	教学与科研人员（人）	科技活动人员（人）	国家投入资金（十万）	课题数（个）	国外论文数（篇）	技术转让合同（个）	成果获奖（项）
平均值	2 940.85	1 524.21	4 306.29	1 946.03	1 147.12	48.25	24.63
中位数	1 926.00	1 090.00	2 450.55	1 479.00	594.00	12.00	19.00
最大值	13 138.00	8 898.00	26 355.11	8 495.00	6 809.00	653.00	135.00
最小值	68.00	42.00	41.71	36.00	6.00	0.00	0.00
标准差	2 895.97	1 530.17	5 125.44	1 601.39	1 273.79	92.25	23.46

　　表 5 - 1 显示，样本期间，国家对教育部直属"211 工程"院校中的 95 所院校平均年投入科研资金大约为 3 亿元，每所高校每年平均产出课题数 1 690 个，发表国外论文 1 023 篇，签订技术转让合同数 46 个以及成果获奖 26 个。中位数明显小于平均数表明，存在严重的右偏现象。通过检查数据，可以发现，右偏现象主要是由于传统名校得到的科研投入较多导致的。Panel B-E 的分年度描述性统计表明，国家对样本中高校的科研投入资金在逐年递增，且 2011 年的投入额是 2010 的投入额的 1.5 倍，

但样本高校的科研产出并没有明显增长。

5.1.3 "211 工程"院校科研产出效率研究

本节首先利用 CCR 与 BCC 模型，对样本中高校的投入产出效率进行估算，并与目前中国国内具有影响力的"武书连年度高校排名"进行对比，估算结果列于表 5 - 2 中。

表 5 - 2　　　2011 年教育部直属"211 工程"高校效率估计结果①

武书连排名	高校名称	CCR技术效率	BCC技术效率	BCC纯技术效率	BCC规模效率	规模收益区域	效率排名
1	浙江大学	0.443	0.443	1	0.443	递减	44
2	北京大学	0.2	0.2	0.712	0.281	递减	88
3	清华大学	1	1	1	1	不变	1
4	上海交通大学	0.189	0.189	0.647	0.292	递减	89
5	复旦大学	0.028	0.028	0.12	0.236	递减	97
79	福州大学	0.251	0.251	0.274	0.918	递减	81
81	南昌大学	0.211	0.211	0.426	0.496	递减	87
88	合肥工业大学	1	1	1	1	不变	9
91	华北电力大学	0.187	0.187	0.191	0.978	递增	90
97	长安大学	0.926	0.926	0.927	0.998	递减	13
	均值	0.492	0.492	0.662	0.754		

注："技术效率" = 纯技术效率 × 规模效率，"纯技术效率"是指企业由于管理和技术等因素影响的生产效率，"规模效率"是由于企业规模因素影响的生产效率。

表 5 - 2 最后一行显示，样本中"211 工程"高校的平均技术效率仅为 0.492，小于发达国家的技术效率的最小值 0.607（Ahn，1989）。其中在 2011 年，DEA 有效（即 CCR 与 BCC 的技术效率等于 1）的高校仅为 8 所，占整个样本的 8.2%。这一结果证明了"211 工程"高校的整体效率偏低。

表 5 - 2 第一列是 2011 年"武书连高校排名"。可以看出，"武书连高校排名"中排名前列的高校大部分是国内传统名校。最后一列是本节通过 DEA 分析得到的样本中各高校技术效率的排名。对两列结果进行的 Wilcoxon's Sign Rank Test 非参数检验显示，prob > Z = 0.06，可以在 10% 的显著性水平上拒绝"两列数值不具有显著性差别"的原假设。因此，

---

① 为节约篇幅，本书未列出 2008 ~ 2010 年的检验结果。如果需要，可向本书作者索取。

国家对高校排名榜中排名前列国内传统名校的财政投入并没有得到相应的产出。

表5-3描述了在2008～2011年四年间技术效率变化趋势。从表5-3可以看出，技术效率、纯技术效率以及规模效率都存在一定的波动，呈现倒"U"型趋势；此外，同前三年相比，样本中高校的三项效率指标存在明显的下降现象。在DEA有效以及纯技术效率=1的高校数量上，2011年的数量最少。这说明，在2008～2011年的四年样本期间，虽然国家在2011年对样本中高校的投入是最大的，样本中高校在当年的产出效率却是最低的。

表5-3 　　　　　　**2008～2011年教育部直属"211工程"**
高校前100名科研效率变化趋势

项目	年份			
	2008	2009	2010	2011
CCR技术效率	0.63	0.73	0.67	0.48
DEA有效高校数	16	18	18	11
DEA非有效高校数	80	77	79	86
BCC纯技术效率	0.75	0.79	0.79	0.63
纯技术效率=1	26	30	29	22
纯技术效率<1	70	65	68	75
规模效率	0.84	0.92	0.86	0.78
处于规模递增区间	14	22	25	24
处于规模递减区间	56	55	56	62

最后，本节利用中国人民大学发布的大学排行榜，武汉大学排行榜等国内其他高校排名，对表5-2的非参数检验进行稳定性检验。检验结果与表5-2的结果基本一致[①]。

5.1.4　国家财政投入对科研产出的影响分析

（1）全样本分析。

上述DEA分析只能得到高校整个投入产出效率，而不能分离出国家财政科研投入对科研产出的边际效应。为了获得高校各个投入的科研产出的边际效应，本节根据投入产出理论，建立相应面板模型进行分析。

----

① 为节约篇幅，稳定性检验结果未在本书列出。如果需要，可向本书作者索取。

本研究样本中的观测值为 380 个，时间为 4 年，这是一个 N 大 T 小的短面板数据。在对样本进行 F（区分混合效应与固定效应）、Hausman（区分固定效应与随机效应）以及 Pesaran（截面相关检验）等相关检验后，本节采用固定效应①模型进行回归分析。

在进行系数估计时，本节采用面板修正的标准差估计（PSCE），这种估计能够很好地解决短面板数据所引起的估计问题。逐步回归的结果如表 5－4 所示。

表 5－4　　　　　　国家财政科研投入与高校产出成果的回归结果

变量	Log (LW)		log (KT)	
CONS	− 1.899 4 **	− 4.377 6 ***	− 0.337 4	− 1.735 4 ***
	(0.02)	(0.00)	(0.13)	(0.00)
K	0.245 6 ***	− 0.014 5	0.697 5 ***	0.044 0 **
	(0.00)	(0.83)	(0.00)	(0.04)
P	0.711 2 ***	0.153 1 ***	0.190 5 ***	0.384 3 ***
	(0.00)	(0.00)	(0.00)	(0.00)
E		0.789 3 ***		0.448 9 ***
		(0.00)		(0.00)
Adj-R^2	0.29	0.570 2	0.56	0.73
Wald-P 值	0.00	0.00	0.00	0.00

　　注：第二列与第三列以发表国外论文数为被解释变量，而第四列与第五列则以课题数为被解释变量。括号内为系数的 P 值，回归结果采用面板修正的标准差估计进行修正。***，**，* 分别表示系数在 1%，5%，10% 水平上显著。

从表 5－4 的回归结果可以看出，四个回归模型的确定系数基本达到了 0.5 以上，而且参数的联合检验结果显著。这表明整个模型的拟合优度较高，解释变量的解释能力较强，参数整体上相当显著异于 0。具体来说，在表中第三列，国家科研投入对于高校发表国外论文有积极的促进作用，其弹性系数为 0.789 3，但高校的固定资产对于学校的论文发表促进作用不显著。第二列中，高校的固定资产总值对于高校发表论文有显著的促进作用。结合第二、第三列的结果，可以发现，在促进高校的论文发表方面，国家科研投入对于高校的科研产出有显著的促进作用，但高校的固定资产对于高校的科研产出影响不显著。经检验，三个解释变量的 VIF 值都大于 1 且小于 2，说明变量间不存在严重的多重共线性。表 5－4 显示，加入国家科研投入变量（E）后，方程的决定系数明显增

---

　　①　由于只有 4 年的数据，本书只使用个体固定效应模型，而未使用时间固定效应模型。

大，这表明国家科研投入对高校科研产出存在显著的影响。但是，第三列的结果表明，在加入国家投入资金变量（E）后，固定资产对科研产出的影响不再显著，可能原因有三：一是高校固定资产本身对着科研产出的作用较小，高校的固定资产没有真正为科研服务；二是国家在增加科研经费投入的同时，没有注重高校的配套基础设施建设；三是解释变量之间可能存在一定的共线性，影响回归估计结果。表 5 – 4 第四、第五列中，变量系数都是显著且为正，这说明，固定资产、国家科研投入与教学科研人员投入都对获取国家课题有促进作用。

（2）国家财政投入对高校产出影响的区域性差异——基于东中西地区的分析。

中国教育存在严重的地区差异，东部教育条件优于中部，中部教育条件优于西部（王筱欣、刘军，2001），同时，李清彬、任子雄（2009）认为高校科研效率存在东、中、西递减规律，同时，国家科研投入在地域上也存在显著差异[①]。为了进一步分析国家科研投入对高校科研产出的边际效应是否存在地域上的差异，本节使用上述面板数据，并采用相同的方法与步骤，确定模型并估计参数，对东中西三个地区的高校科研投入产出的差异进行统计分析。分析结果列于表 5 – 5。

表 5 – 5　　　　　　　　东中西部地区面板数据回归分析结果

地区	东部		中部		西部	
变量	$Log\ (LW)$	$Log\ (LW)$	$log\ (LW)$	$log\ (LW)$	$Log\ (LW)$	$log\ (LW)$
CONS	– 4.757 4 ***	– 5.094 1 ***	– 2.176 1 ***	– 5.025 8 ***	5.112 0 ***	– 2.828 1 **
	(0.00)	(0.00)	(0.00)	(0.00)	(0.00)	(0.02)
K	0.654 6 ***	0.233 4 ***	0.325 2 ***	0.163 4 ***	1.335 2 ***	– 0.426 7 ***
	(0.00)	(0.00)	(0.00)	(0.00)	(0.00)	(0.00)
P	0.509 7 ***	0.131 5 ***	0.645 7 ***	0.255 8 ***	1.335 2 ***	0.106 8
	(0.00)	(0.00)	(0.00)	(0.00)	(0.00)	(0.56)
E		0.645 7 ***		0.637 1 ***		1.068 7 ***
		(0.00)		(0.00)		(0.00)
Adj-R^2	0.46	0.62	0.41	0.68	0.27	0.52
Wald-P 值	0.00	0.00	0.00	0.00	0.00	0.00

Panel A 发表国外论文数

---

① 经作者统计，在 2008 ~ 2011 年间，国家对东部高校财政科研入平均值为 35.9 亿元，对中部高校财政科研入平均值为 29.2 亿元，对西部高校财政科研入平均值为 20.1 亿元。

	Panel B 申请课题数					
地区	东部		中部		西部	
变量	Log（KT）	Log（KT）	log（KT）	log（KT）	Log（KT）	log（KT）
CONS	− 2. 139 4 ***	− 2. 411 9 ***	1. 824 8 ***	0. 658 8 *	2. 369 4 ***	− 0. 992 2 *
	(0. 00)	(0. 00)	(0. 00)	(0. 09)	(0. 00)	(0. 08)
K	0. 399 1 ***	0. 049 8 ***	− 0. 048 0 ***	− 0. 114 2 ***	− 0. 139 9 ***	0. 039 6 ***
	(0. 00)	(0. 00)	(0. 00)	(0. 00)	(0. 00)	(0. 00)
P	0. 641 8 ***	0. 326 6 ***	0. 751 4 ***	0. 591 9 ***	0. 809 8 ***	0. 289 7 ***
	(0. 00)	(0. 00)	(0. 00)	(0. 00)	(0. 00)	(0. 00)
E		0. 535 9 ***		0. 260 7 ***		0. 452 5 ***
		(0. 00)		(0. 00)		(0. 00)
Adj-R^2	0. 63	0. 79	0. 63	0. 73	0. 34	0. 55
Wald-P 值	0. 00	0. 00	0. 00	0. 00	0. 00	0. 00

注：panel A 中模型以发表国外论文数位被解释变量，panel B 则模型以申请课题数为被解释变量。括号内为系数的 P 值，回归结果采用面板修正的标准差估计进行修正。***，**，* 分别表示系数在 1%，5% 与 10% 水平上显著。

表 5 - 5 显示，在高校的论文发表方面，在东部与中部，国家科研投入对发表论文数的弹性相差不大，但国家对西部高校的科研投入对发表论文数的弹性是东中部的两倍左右。同时，同东中部相比，西部高校的国家科研投入对高校科研产出的作用大于高校固定资产对产出的作用。但是，从描述性统计来看，国家对西部高校的投入远远小于对东中部高校的投入。这意味着，从提高效率角度考虑，国家应该增加对西部高校的科研投入。在西部的回归模型中，固定资产的回归系数显著为负，这意味着西部高校的固定资产的增加对国外论文发表量存在负面影响，其原因需要进一步研究。

在申请课题数方面，在东部与西部地区，国家投入对课题申请数的弹性相差不大，而在中部地区，国家科研投入对课题申请数的弹性是东西部的两倍左右；另一方面，在中部，人才对课题申请数的弹性是东西部的两倍。此外，在中西部，固定资产的增加对课题数的获得存在负面影响，这与国家科研投入在西部地区对国外论文发表存在负面影响的结果一样。

（3）内生性分析。

被解释变量与解释变量的相互影响是导致内生性的主要原因。具体地，国家科研投入会导致高校的科研能力增强，进而导致高校发表的论文数量与申请课题数目的增多，而论文数量与课题的增多又会反过来提高高校的整体实力，从而导致国家对高校投入更多的资金。经过 Hausman 内生性检验（（Prob > chi2）= 0.04），变量间存在内生性。

本节采用两种不同工具变量（IV），以减小变量之间的内生性与共线性问题：一是使用解释变量的滞后一期（$L.E$）；二是采用 Lin et al（2011）提出的工具变量。Lin et al（2011）认为，如果内生性问题只存在于企业层面，而不是行业或区域层面，那么提出行业或区域特有的成分就得到仅仅影响单个企业增长的因素。将样本按照行业（SIC 码）和地区进行分类组合，每个样本必然落在一个行业—地区的组合中，而这个行业 - 地区的平均值即可作为该企业变量的工具变量。本节认为，本书样本的内生性存在于高校层面，而不是每个省市层面。因此，本书以该高校所在省市的国家对各高校的投资总额减去该学校获得的国家投资总额为工具变量（M - E）。

使用工具变量，对式（5.3）进行的工具变量回归结果见表 5 - 6。

表 5 - 6   **国家科研投入与高校发表论文数量以及课题数目的工具变量回归**

工具变量	$L.E$		$M - E$	
变量	$log(LW)$	$log(KT)$	$Log(LW)$	$log(KT)$
CONS	-8.659 9 ***	-3.201 9 ***	-7.714 8 ***	-4.377 6 ***
	(0.00)	(0.00)	(0.00)	(0.00)
K	0.380 7 ***	0.256 3 ***	0.339 1 ***	-0.014 5
	(0.00)	(0.00)	(0.00)	(0.83)
P	0.676 8 ***	0.649 2 ***	0.711 3 ***	0.153 1 ***
	(0.00)	(0.00)	(0.00)	(0.00)
L.E	0.391 2 ***	0.178 6 ***		
	(0.00)	(0.00)		
M - E			0.329 7 ***	0.798 3 ***
			(0.00)	(0.00)
Adj-R^2	0.41	0.58	0.39	0.57
Wald-P 值	0.00	0.00	0.00	0.00

注：括号内为系数的 P 值，回归结果采用面板修正的标准差估计进行修正。***，**，* 分别表示系数在 1%，5%，10% 水平上显著。

表 5 - 6 与表 5 - 7 的结果显示，国家资金投入对于高校发表论文数量以及课题数量都有显著的正影响，而且其他控制变量都具有很强的解释能力。这说明本节的回归模型具有较好的稳健性，且工具变量能够降低变量之间的内生性问题。

表 5 - 7　　　　　　　　对不同地区的国家科研投入与高校科研
　　　　　　　　　　　　　产出关系的工具变量回归结果

	Panel A 工具变量为 L. E					
地区	东部		中部		西部	
变量	Log（LW）	Log（KT）	log（LW）	Log（KT）	Log（LW）	Log（KT）
CONS	- 5. 606 2 ***	- 2. 080 7 ***	- 3. 833 3 ***	0. 891 9 ***	- 0. 781 2	- 0. 525 5 **
	(0. 00)	(0. 00)	(0. 00)	(0. 00)	(0. 15)	(0. 04)
K	0. 253 5 ***	0. 024 3 ***	0. 097 7 ***	- 0. 144 1 ***	- 0. 649 2 ***	0. 005 2 ***
	(0. 00)	(0. 60)	(0. 00)	(0. 00)	(0. 00)	(0. 57)
P	0. 128 4 ***	0. 302 4 ***	0. 227 9 *	0. 573 1 ***	0. 396 0 ***	0. 354 7
	(0. 00)	(0. 00)	(0. 06)	(0. 00)	(0. 00)	(0. 00)
L. E	0. 681 9	0. 556 2 ***	0. 632 7	0. 290 1 ***	0. 938 5	0. 412 2 ***
	(0. 00)	(0. 00)	(0. 00)	(0. 00)	(0. 00)	(0. 00)
Adj-R^2	0. 65	0. 78	0. 72	0. 75	0. 53	0. 54
Wald-P 值	0. 00	0. 00	0. 00	0. 00	0. 00	0. 00
	Panel B 工具变量为 M-E					
地区	东部		中部		西部	
变量	Log（LW）	Log（KT）	log（LW）	Log（KT）	Log（LW）	Log（KT）
CONS	- 5. 597 2 ***	- 4. 256 8 ***	1. 824 8 ***	- 0. 544 3	- 8. 192 9 ***	- 2. 443 4 *
	(0. 00)	(0. 00)	(0. 00)	(0. 12)	(0. 00)	(0. 08)
K	0. 660 6 ***	0. 414 4 ***	0. 246 9 ***	- 0. 896	- 0. 170 9 **	0. 105 8 ***
	(0. 00)	(0. 00)	(0. 00)	(0. 00)	(0. 03)	(0. 00)
P	0. 516 1 ***	0. 657 5 ***	0. 659 9 ***	0. 758 9 ***	0. 755 3 ***	0. 599 9 ***
	(0. 00)	(0. 00)	(0. 00)	(0. 00)	(0. 00)	(0. 00)
M - E	0. 047 9	0. 121 0 ***	0. 373 7***	0. 198 2 ***	0. 756 2 ***	0. 273 5 ***
	(0. 35)	(0. 00)	(0. 00)	(0. 00)	(0. 00)	(0. 00)
Adj-R^2	0. 46	0. 64	0. 47	0. 67	0. 55	0. 52
Wald-P 值	0. 00	0. 00	0. 00	0. 00	0. 00	0. 00

注：括号内为系数的 P 值，回归结果采用面板修正的标准差估计进行修正。***，**，* 分别表示系数在1% ，5% ，10% 水平上显著。

5.1.5　结 论

本节首先以中国教育部所属 95 所"211 工程"高校为样本，运用 DEA 模型，分析了 2008 ~ 2011 年间样本高校的科研投入产出效率。研究表明，整体而言，样本中院校的科研效率较低。同时，本节的研究显示，依据本节估算的投入产出效率而得出的高校排名与中国目前存在的高校排名之间并不存在显著的相关性，这表明，国家对公众认同的传统名校的高投入并没有带来相应的回报。其次，本节采用上述样本的面板数据，同时使用工具变量法减轻模型中存在的内生性，实证分析了国家财政投入对高校科研产出的影响。结果表明，国家财政投入对高校的国外论文发表以及课题的获得有着积极的促进作用。最后，本节研究显示，国家财政投入与高校科研产出间关系在东、中、西部三个地区之间存在明显的地区性差异。这表明，国家在对高校进行科研资金投入时，应该考虑地区间的差异，以提高国家财政投入的科研产出效率。

本节的研究以论文数量、专利数量、课题立项数量等数量指标衡量科研产出，而没有考虑论文、专利与课题的质量，主要原因是科研产出质量数据难以获得。但是，以质量衡量科研产出效率是本课题以后进一步研究的方向。

5.2 校企合作对高校科研产出的影响

5.2.1 引言

技术创新是一国发展的动力源泉，早在《资本论》中，马克思把技术创新过程定义为，为了获得更多的相对剩余价值而使用新机器的过程，其实质是通过改变技术与劳动条件而对生产方式进行改革的过程[1]。通过对技术创新的定义，马克思认为技术创新对于经济发展有着重要作用，其原理在于企业能够运用技术创新的成果，改变生产方式，提高生产力，节约劳动成本，增加劳动产出，促进经济增长。另外，技术创新可以通过减少废物的排放，以保护环境；通过改善社会组织之间的关系，以促进人类全方面的发展[2]。

然而，由于中国企业在管理水平、生产规模以及融资约束等方面的参差不齐，以致相当一部分企业生产技术还处于低水平层次上。具体原因在于，一方面，企业盲目创新，没有考虑创新的条件与成本，造成企业的研发投入大多来源于国家研发补贴的投入，自身研发投入不足，研发创新动力不足[3]。另一方面，相当一部分企业的创新仅仅只是模仿[4]，

---

① 马克思：《资本论（第一卷）》，人民出版社 1963 年版，第 331~337 页，第 549~550 页。
② 《马克思恩格斯全集》，人民出版社 1974 版、1995 版。
③ 卫玲、郭俊华：《我国企业技术创新存在的问题与完善路径》，载《西安交通大学学报》2014 年第 3 期，第 32~36 页。
④ 据作者对企业专利数据统计分析得到，企业发明专利较少，大多为实用新型与外观设计专利。

没有实质的技术创新，创新成果难以有效的转化，其原因是企业进行技术创新缺乏一定的理论基础。对于高校技术创新，高校科研人员的创新成果转化意识薄弱限制了高校技术创新的应用，使得高校技术创新成果与企业生产实践相脱节。另外，高校技术创新成果的评价标准尚没有统一，使得激励机制存在严重滞后。基于上述分析，我们急需一种新的合作机制来加强技术创新成果的应用。

校企合作不仅能够改善企业凭借一己之力进行自主创新时科研能力低下的状况，而且有助于提高高校科研水平和人才培养质量。2011年4月，为响应党中央提出的"要积极推动协同创新，通过体制机制创新和政策项目引导，鼓励高校同科研机构、企业开展深度合作，建立协同创新的战略联盟，促进资源共享，联合开展重大科研项目攻关，在关键领域取得实质性成果"的号召，教育部、财政部决定启动"2011计划"，并于2012年3月23日，在全面提高高等教育质量工作会上，联合颁发了《关于实施高等学校创新能力提升计划的意见》，旨在突破高校内外部机制体制壁垒，释放人才、资源等创新要素活力。同年5月，教育部、财政部联合召开视频会议，正式启动实施"2011计划"。在2014的"两会"中，国务院总理李克强指出，创新是国家经济结构调整优化的原动力，要把创新放在国家发展全局的核心位置，促进科技与经济社会发展紧密结合，推动我国产业向全球价值链高端跃升。提出要加快科技体制改革、创建产学研协同创新联盟。正是基于此，本节从协同理论出发，实证检验校企合作对我国高校科研产出的影响。本节的研究将不仅丰富有关校企合作的文献，而且可以为政策制定者提供一定的政策支持。

"协同"这一的念最早可以追溯到1971年德国学者哈肯（Haken）的《系统论》。他认为协同是复杂系统本身所固有的自组织能力，是形成系统有序结构的内部作用力，并统一解决了系统从无序转变为有序的过程（哈肯，1984）。协同效应指在复杂的大系统内，各子系统的协同行为产生出的超越各要素自身的单独作用，从而形成整个系统的统一作用与联合作用，产生外部正效应。所谓协同创新是指多方主体通过知识、资源、行动、绩效等方面的整合，以及在互惠知识分享，资源优化配置，行动的最优同步，系统的匹配度方面的互动，实现创新要素的系统优化和合作创新的过程（Senano and Fischer，2007）。高校协同创新是指高校内部各学科教师之间、高校与高校教师之间以及高校教师与科研院所和企业的研究者、生产者、管理者之间，围绕国家重大战略需求、重大科技项目、解决行业关键和共性技术以及生产实际中的重大问题，投入各自的优势资源和能力，在政府、科技服务中介机构、金融机构等相关主体的协同支持下，合作攻关，从而力求在科学研究、技术开发上取得重大进展和突破的创新活动（李忠云和邓秀新，2011）。

高校协同创新系统是以知识增值为核心，以知识生产机构（高校、科研机构）、企业、政府、中介机构和用户等为主体，为实现重大科技创新而开展的大跨度整合的创新组织模式。其关键是形成以大学、企业、研究机构为核心要素，以政府、金融机构、中介组织、创新平台、非营利性组织等为辅助要素的多元主体协同互动的网络创新模式，通过知识创造主体和技术创新主体间的深入合作和资源整合，产生"1＋1＞2"的非线性效用（陈劲，2011）。网络合作关系打破了以往那种以自我积累为主，彼此依存度相当低的发展模式，通过构建以核心能力、资源共享、优势互补等内容为主的启动平台，最大限度地利用外部资源，实现高于平均水平的综合效益。在协同创新过程中，企业参与协同创新的主要动机是降低和减少研发时间、成本、风险、技术难题的解决、开发新产品、获取互补性创新资源、进入技术新领域（Lee，1996）。而大学通过与企业的协同创新，可以获得企业的经济支持、推进研究成果的应用性，以及从实践出发，来发现和探索新的研究领域以此获得更多的学术成果（Geuna and Nesta，2006）。因此，参与协同创新是实现多方主体共赢的有效途径。

国外有关校企合作的研究较为成熟。布卢门塔尔（Blumenthal et al.，1986）等学者对美国40所重点大学的1200名生物学及相关领域的教职员工进行的研究发现，相比没有参与校企合作并获得资金资助的学者，校企合作使得相关研究人员发表更多的学术论文、著作，申请更多的专利，参与更多的行政和学术活动。克雷斯波、狄里迪（Crespo and Dridi，2007）对加拿大魁北克省校企合作关系的强化以及对高校科研影响的研究显示，校企合作不仅可以提高高校科学和技术领域的研究人员的创新研究，而且还可以提高研究生的培养质量。尤拉多（Jurado et al.，2008）等学者以拉丁美洲高校的研究人员为样本进行的研究表明，拉丁美洲的高校教师赞成高校与企业之间保持合作关系，但同时发现校企合作常常存在一些障碍（例如，缺乏制度支持，高校通常不太愿意进行校企合作等）。

国内文献中，很少有研究涉及校企合作对高校科研产出的影响。一些学者关注了国外高校与企业之间的产学研合作，介绍其在技术创新、制度创新等方面的成功经验并分析其对我国的启发意义（刘彦，2007；董海华、洪霄，2010）。刘庆华（2009）则关注了美、英、德、日等国家在产学研合作方面取得的巨大成功，发现这些国家的政府在产学研合作过程中扮演着积极的促进作用，并介绍了我国政府在促进产学研合作方面制定的一些科技政策，突出强调政府在财政和法律等层面的政策支持对产学研合作的重要性。

本节在充分考虑不同层次高校中校企合作对其科研产出影响差异的基础上，利用 2008~2011 年间中国教育部直属的"211 工程"院校数据建立面板模型，实证分析校企合作对我国高校科研产出的影响，这将不仅丰富有关校企合作经济后果的文献，而且可以为政策制定者提供一定的政策支持。

5.2.2   数据来源与模型变量

5.2.2.1   数据来源

（1）高校的科研产出的影响取决于高校自身科研水平、发展层次等具体特征，考虑到高校吸收能力的异质性，本节以"211 工程"院校中教育部直属的 95 所院校为研究对象。

（2）本节的校企合作关系主要是指高校与民营企业、外资企业、国有企业之间在技术、科研、共建实验室等方面的合作，不包括实习、就业、人才培训等方面的合作。数据全部来自各高校网站上正式公布的、且已经签署校企合作、产学研合作协议内容的信息，不包括校企之间领导拜访、初步达成合作意向等情形。统计的网站来源主要包括各高校官方网站的资产经营有限公司、新闻中心、科技成果转化中心、产学研基地管理办公室、技术转移办公室等信息内容。

（3）论文数量、课题立项数量、技术转让合同数、成果获奖数、人力投入等数据均来源于 2008~2011 年《高等学校科技统计资料汇编》；学校的固定资产通过查询各个学校的简介以及财务信息获得。

5.2.2.2   变量介绍

本节共涉及 9 个变量，分别是教学与科研人员、研究发展人员、国家科研资金、高校自身固定资产、国外学术刊物发表论文数、课题立项数、技术转让数、成果获奖数、校企合作数。

（1）教学与科研人员：指各高校编制内全职从事教学与科研的人员，以及在统计年度内在该校从事科研活动累计工作一个月以上的外籍或国内专家、学者的总人数。

（2）研究发展人员：指从事科学研究与试验发展的工作时间占到本人教学、科研工作总时间的10%以上的人员总数。

（3）国家科研资金：指各高校从教育部等部委、省市级政府部门获得的科研经费总额。

（4）高校自身固定资产（K）：指各高校在2008～2011年各年固定资产数额。

（5）高校发表论文数（LW）：指各高校教职人员以该高校名称为工作单位在国外、国内期刊上公开发行的学术论文总数。

（6）课题立项数（KT）：指各高校获得的国家级、省部级和市级课题总数。

（7）技术转让数：指各高校技术成果被企事业单位吸收，并签订技术转让合同的总数。

（8）成果获奖数：指各高校的科技成果在统计年度内获得的国家级、省部级以及市级各项奖励的总次数。

（9）校企合作数（E）：指各高校在2008～2011年期间校企合作的次数。

5.2.2.3 模型构建

一般来说，高校某一年的科研成果数量与高校已经具备的科研实力具有较大关系。为了防止这个因素对回归分析造成干扰，需要在模型中加入高校科研投入指标，作为控制变量，以提高分析的信度和效度。

参照《中国高等学校绩效评价报告》对教育部直属高校绩效评价的指标设计，本节选取投入指标包括人力投入与经费投入两方面，具体地，人力投入包括教学与科研人员与研究发展人员两个指标，经费投入包括国家科研资金与高校自身固定资产投入两个指标。一般情况下高校科研产出指标有四个，即国外学术刊物发表论文数、课题立项数、技术转让数与成果获奖数。但对于"211工程"院校，非综合性与非工科类高校的技术转让数与成果获奖数都比较低，不能准确反映高校的科研产出，所以本节只选取发表论文数与课题立项数作为"211工程"院校的科研产出，考察校企合作对高校科研产出的影响，构建的模型具体形式见式（5.4）：

$$\log(Y) = \log(A) + \alpha\log(K) + \beta\log(L) + \gamma\log(E) + \varepsilon \qquad (5.4)$$

式（5.4）中，Y 为高校发表论文数量（LW）或课题立项数量（KT），log（A）为常数，K 为高校的固定资产，L 为高校的教学与科研人员人数，E 为校企合作次数。式（5.4）中 γ 是校企合作投入对高校产出的弹性[①]。

5.2.3 实证结果与分析

5.2.3.1 描述性统计分析

本节选取"211 工程"院校中教育部直属的 95 所院校为研究对象，考察 2008 年至 2011 年四年校企合作投入与科研产出的影响，表 5-8 为各个变量的描述性统计。

表 5-8　　　　　　　**2008~2011 年教育部直属的"211 工程"**
院校各个指标变量的描述统计

	教学与科研人员（人）	科技活动人员（人）	校企合作投入（次）	课题数（个）	国外论文数（篇）	技术转让合同（个）	成果获奖（项）
Panel A：2008~2011 年总样本，观测值数 = 380							
平均值	2 834.35	1 460.29	35.64	1 690.81	1 022.95	45.75	25.49
中位数	1 836.50	996.50	30.00	1 258.50	587.00	8.00	19.00
最大值	13 138.00	8 898.00	69.00	10 052.00	7 310.00	1 030.00	148.00
最小值	4.00	19.00	8.00	5.00	0.00	0.00	0.00
标准差	2 767.84	1 395.37	15.98	1 489.67	1 225.33	105.47	25.54
Panel B：2008 年子样本，观测值数 = 95							
	教学与科研人员（人）	科技活动人员（人）	校企合作投入（次）	课题数（个）	国外论文数（篇）	技术转让合同（个）	成果获奖（项）
平均值	2 748.12	1 358.66	28.23	1 425.24	813.98	35.88	26.20
中位数	1 825.00	997.00	23.00	1 034.00	542.00	5.00	19.00
最大值	12 075.00	6 408.00	47.00	8 804.00	4 771.00	570.00	138.00
最小值	32.00	19.00	8.00	5.00	0.00	0.00	0.00
标准差	2 702.75	1 210.00	10.23	1 309.01	958.20	83.11	26.58

[①] 具体模型设计参照：中央财经大学课题组，执笔：林晚发、吕杰、李国平、崔鹏、南荣素：《国家财政投入对科研产出的影响》，载《统计研究》2013 年第 8 期。

续表

			Panel C：2009 年子样本，观测值数 = 95			
	教学与科研 人员（人）	科技活动 人员（人）	校企合作 投入（次）	课题数 （个）	国外论文 数（篇）	技术转让 合同（个）	成果获奖 （项）
平均值	2 822.06	1 432.07	30.12	1 653.16	1 018.70	43.97	26.54
中位数	1 836.00	991.00	25.00	1 249.00	544.00	8.00	20.00
最大值	12 491.00	7 162.00	52.00	10 052.00	6 738.00	636.00	148.00
最小值	46.00	23.00	10.00	12.00	4.00	0.00	0.00
标准差	2 742.10	1 353.94	13.43	1 483.49	1 311.71	106.77	28.63
			Panel D：2010 年子样本，观测值数 = 95			
	教学与科研 人员（人）	科技活动 人员（人）	校企合作 投入（次）	课题数 （个）	国外论文 数（篇）	技术转让 合同（个）	成果获奖 （项）
平均值	2 826.38	1 526.22	35.67	1 738.79	1 112.02	54.88	24.60
中位数	1 804.00	983.00	26.34	1 304.00	685.00	10.00	19.00
最大值	12 709.00	8 654.00	64.00	8 891.00	7 310.00	1 030.00	127.00
最小值	4.00	27.00	9.00	21.00	4.00	0.00	0.00
标准差	2 767.39	1 480.52	14.56	1 525.70	1 313.27	133.58	23.45
			Panel E：2011 年子样本，观测值数 = 95			
	教学与科研 人员（人）	科技活动 人员（人）	校企合作 投入（次）	课题数 （个）	国外论文 数（篇）	技术转让 合同（个）	成果获奖 （项）
平均值	2 940.85	1 524.21	48.54	1 946.03	1 147.12	48.25	24.63
中位数	1 926.00	1 090.00	28.55	1 479.00	594.00	12.00	19.00
最大值	13 138.00	8 898.00	69.00	8 495.00	6 809.00	653.00	135.00
最小值	68.00	42.00	10.00	36.00	6.00	0.00	0.00
标准差	2 895.97	1 530.17	15.67	1 601.39	1 273.79	92.25	23.46

表 5-8 显示，样本期间，企业与教育部直属"211 工程"院校中的 95 所院校平均合作次数大约为 35.64 次，每所高校每年平均产出课题数 1 690.81 个，国外论文发表篇数平均为 1 022.95，签订技术转让合同数平均为 45.75 个以及成果获奖数平均为 25.49 个。技术合同转让数与成果获奖数平均值较低，是由于非综合性与非工科类高校的技术转让数与成果获奖数较低导致，所以本节不采用这两个指标作为高校科研产出替代指标。各个变量的中位数明显小于平均数表明，存在严重的右偏现象。Panel B-E 的分年度描述性统计表明，校企合作投入呈现逐年递增的趋势，样本高校的科研产出也呈现出逐年递增的趋势。

5.2.3.2 实证结果分析

（1）全样本分析。

为了获得校企合作对高校科研产出的边际贡献，本节根据投入产出理论，建立相应面板模型进行分析。通过相关检验，本节采用固定效应模型进行回归分析，逐步回归的结果如表 5 – 9 所示。

表 5 – 9　　　　　校企合作对高校科研产出影响的回归结果

变量	Log（LW）		log（KT）	
CONS	0.877 4	1.32 *	0.693 1	1.838 1 *
	(0.20)	(0.07)	(0.13)	(0.06)
K	0.332 1 **	0.045 8	0.236 0 **	0.033 6
	(0.03)	(0.36)	(0.02)	(0.82)
P	0.421 6 ***	0.457 1 ***	0.195 7 ***	0.203 1 ***
	(0.00)	(0.00)	(0.00)	(0.00)
E		0.262 2 **		0.308 2 **
		(0.02)		(0.02)
Adj-R^2	0.33	0.45	0.53	0.66
Wald-P 值	0.00	0.00	0.00	0.00

注：括号内为系数的 P 值，***，**，*分别表示系数在 1%，5%，10% 水平上显著。

表 5 – 9 的第 2 列与第 3 列以国外发表论文数量为被解释变量，第 4 列与第 5 列以课题申请数量为被解释变量。表 2 报告了校企合作对高校科研产出影响的面板模型分析结果，四个模型的参数检验结果均显著，说明各模型的整体解释力较好。模型调整后的 R^2 基本在 0.3 以上，说明模型解释变量的解释能力较强。具体来说，表中第 3 列校企合作的弹性系数为 0.2622，其弹性系数在 5% 水平上显著，说明校企合作对于国外发表论文数量有显著的促进作用，但高校的固定资产对国外发表论文数量无显著影响。对比第 2 列结果，在加入校企合作次数（E）后，固定资产对科研产出的影响不再显著，可能原因有：①高校固定资产本身对科研产出的作用较小，高校的固定资产没有真正为科研服务；②国家在增加财政经费投入的同时，没有注重高校的配套基础设施建设；③解释变量之间可能存在一定的共线性，影响回归估计结果。表 2 第 5 列中，校企合作的弹性系数为 0.3082，其弹性系数在 5% 水平上显著，说明校企合作对于高校立项也有显著的促进作用，但高校的固定资产对高校立项无显著影响。对比第 4 列结果，在加入校企合作次数（E）后，固定资产对高校立项的影响不再显著，可能原因如前所述。

（2）区域性差异分析。

本节研究校企合作对高校科研产出的影响。然而，学校教育存在地区间的差异，东部教育条件优于中部，中部教育条件优于西部。并且，企业在地域上也存在显著差异，具体表现为东部优于中部，中部优于西部。为了进一步分析校企合作对高校科研产出的边际效应是否存在地域上的差异，本节使用上述面板数据，并采用相同的方法与步骤，确定模型并估计参数，对东中西三个地区的校企合作投入产出的差异进行统计分析。分析结果列于表5－10。

表5－10　　　　　　　东中西部地区面板数据回归分析结果

Panel A 发表国外论文数					
地区	东部		中部		西部
变量	Log（LW）	Log（LW）	log（LW）	Log（LW）	Log（LW）	log（LW）
CONS	0.895 6	0.923 6	0.776 5	0.805 3	0.802 0	0.817 4
	(0.23)	(0.33)	(0.36)	(0.25)	(0.33)	(0.42)
K	0.425 6 **	0.056 7 *	0.385 4 **	0.043 2 *	0.301 6 **	0.032 0
	(0.03)	(0.09)	(0.04)	(0.08)	(0.04)	(0.45)
P	0.552 1 ***	0.587 6 ***	0.486 7 ***	0.503 4 ***	0.263 2 ***	0.301 2 ***
	(0.00)	(0.00)	(0.00)	(0.00)	(0.00)	(0.00)
E		0.304 5 ***		0.283 7 ***		0.183 9 ***
		(0.00)		(0.00)		(0.00)
Adj-R^2	0.35	0.48	0.32	0.46	0.27	0.36
Wald-P 值	0.00	0.00	0.00	0.00	0.00	0.00
Panel B 申请课题数					
地区	东部		中部		西部
变量	Log（KT）	Log（KT）	log（KT）	log（KT）	Log（KT）	log（KT）
CONS	0.798 2	1.256 3 *	0.695 2	0.658 8	0.899 3	0.876 2 *
	(0.36)	(0.07)	(0.89)	(0.26)	(0.34)	(0.08)
K	0.265 8 ***	0.035 9 *	0.236 1 ***	0.021 3 *	0.196 5 ***	0.019 8 *
	(0.00)	(0.09)	(0.00)	(0.08)	(0.00)	(0.09)
P	0.205 9 ***	0.213 2 ***	0.186 7 ***	0.193 9 ***	0.127 6 ***	0.146 5 ***
	(0.00)	(0.00)	(0.00)	(0.00)	(0.00)	(0.00)
E		0.328 9 ***		0.305 6 ***		0.152 5 ***
		(0.00)		(0.00)		(0.00)
Adj-R^2	0.56	0.68	0.51	0.62	0.38	0.46
Wald-P 值	0.00	0.00	0.00	0.00	0.00	0.00

注：括号内为系数的P值，***，**，* 分别表示系数在1%，5%与10%水平上显著。

表5－10的第2列与第3列以国外发表论文数量为被解释变量，第4列与第5列以课题申请数量为被解释变量，从表3可以看出，东部地区校企合作的弹性系数为0.304 5，中部地区校企合作的弹性系数为0.283 7，二者均在1%水平上显著，说明东部地区与中部地区校企合作对国外发表论文数量的影响相差不大；西部地区校企合作的弹性系数为0.183 9，略低于东部地区和中部地区。东部地区和中部地区在加入校企合作次数（E）后，固定资产对科研产出的影响显著下降，说明固定资产投入对论

文发表的影响并不稳健；西部地区在在加入校企合作次数（E）后，高校固定资产对科研产出的影响不再显著，其原因需要进一步研究。在申请课题数方面，东部地区校企合作的弹性系数为 0.328 9，中部地区校企合作系数为 0.305 6，二者均在 1% 水平上显著，说明东部地区和中部地区校企合作对课题申请数量的影响相差不大；西部地区校企合作系数为 0.152 5，显著低于东部地区和中部地区。东部地区、中部地区和西部地区在加入校企合作次数（E）后，固定资产对科研产出的影响显著下降，说明固定资产投入对论文发表的影响并不稳健。

5.2.4　结论和政策建议

技术创新是一国发展的动力源泉；然而由于我国企业科技创新的盲目性，使得科技创新可利用性与可扩展性较小。基于此，本节以 2008 ~ 2011 年间中国教育部所属 95 所"211 工程"院校为样本，建立面板数据模型，分析校企合作对我国高校科研产出的影响，并对区域间的差异进行了分析。结果表明，校企合作对我国高校的国外论文发表数量以及课题的获得有着积极的促进作用。进一步分析结果显示，校企合作与我国高校科研产出的关系在东、中、西部三个地区之间存在明显的地区性差异，即无论是对国外发表论文数量，还是对课题申请数量，校企合作在西部地区的影响力都显著性地低于其在东部地区、中部地区的影响力。以上结论表明校企合作这一政府与市场的调节机制能够促进高校科研产出与成果应用。

基于上述实证研究结果，本节提出以下政策建议：

第一，本节的实证研究表明，校企合作对我国高校的国外论文发表数量以及课题的获得有着积极的促进作用。为提高我国高校的科研水平以及我国高校在国内外科研上的声誉与影响力，在微观层面上，我国高校应该积极参与协同创新，通过体制机制创新和政策项目引导，与科研机构、企业开展深度合作，建立协同创新的战略联盟，促进资源共享，联合开展重大科研项目攻关，在关键领域取得实质性成果。

第二，我国目前正努力实现从依附型制造业经济转型向自主创新型制造业经济的转变，而高校的科研是自主创新的重要来源。因此，在宏观层面上，各级各地政府应当围绕国家、行业以及区域的重大需求，为高校参与协同创新创造良好的条件，优化创新环境；同时，各级各地政府应积极鼓励并组织多种形式的协同创新，充分发挥高校改革的主动性和创造性，提升人才、学科、科研"三位一体"创新能力，打破高校与其他创新主体间的体制壁垒，充分发挥高校、科研院所、企业等各类创新主体在基础研究、前沿技术研究、社会公益研究等方面的不同优势，营造制度先进、充满活力的协同创新环境。另外，政府与市场应该对企业与高校技术创新进行正确调节，使得技术创新的可利用性与可扩展性增强。

第三，本节的研究表明校企合作对我国高校的国外论文发表数量以及课题获得的促进作用在东、中、西部三个地区之间存在明显的地区性差异，即在西部地区，校企合作对国外发表论文数量的影响显著性低于东部地区和中部地区。这可能是因为与东部与中部地区相比，无论是从教育水平还是企业发展程度上，西部地区都相对落后。因此，政府有必要制定相关扶持政策，以促进西部地区的教育水平和企业发展程度，并鼓励中东部地区的高校或者企业与西部地区的高校企业进行跨地区合作。

附件-1 "高校青年科研创新团队建设"访谈提纲

尊敬的各位领导、老师:

您好!为了研究高校青年科研创新团队建设的现状及未来改进建议,我们特组织本次调查访谈。所有访谈信息只用于学术研究,敬请放心!

1. 请简要介绍一下您在团队中的主要职责和任务。

2. 请从团队成员的能力素质角度,简要介绍一下您所在的团队。

3. 您认为,跨学科、学院或学校的团队是否更有利于团队建设及其目标实现?这种团队会存在哪些问题?

4. 您是否了解所在团队建设目标和任务?这些目标实现情况如何?

5. 您是否了解学校或学院的学科建设目标?您所在团队建设目标与之匹配度如何?

6. 通过该团队,您个人得到了哪些发展?不够满意的地方有哪些?

7. 当前学校是如何对团队建设进行考核的?您认为效果如何?

8. 您认为,你所在团队的自身建设方面还存在哪些问题?如何改进?

9. 您认为,学校科研处对这些团队的管理中还存在哪些问题?这些应该如何改进?

对各位的大力支持,再次表示感谢!

附件－2 青年科研创新团队建设满意度和发展意愿调查量表

（科研创新团队负责人及其成员填写）

尊敬的女士/先生：

您好！为了研究高校青年科研创新团队发展建设的现状及影响因素，进而为学校有关部门更好的组建青年科研创新团队提供策略和建议，我们特组织本次调查。本问卷不记名，所有的数据只用于学术研究，敬请放心。

请您认真阅读指导语，按照指定的方式填答。请您务必不要遗漏题目，因为只有回答完整地问卷才是有效的。如果您对本问卷有任何疑问，或者需要调查统计的结果，请与我联系：

个人邮箱：电话：

第一部分：基本信息

*指导语：请对符合您实际情况的答案打"√"或在内填写。

1. 您是否是该团队的负责人：A. 是　　B. 否

2. 您的性别：A. 男　　B. 女

3. 婚姻状况：A. 已婚　B. 未婚

若选 A，请继续选择，您是否有子女：A. 有　B. 无

4. 您的年龄：A. 25 岁以下　B. 26～30 岁　C. 31～35 岁

D. 36～40 岁　E. 41 岁以上

5. 您的高校任教职时间：A. 1 年以内　B. 1～3 年 C. 4～6 年

D. 7～10 年　E. 10 年以上

6. 您目前的学历/学位：A. 专科　B. 本科　C. 硕士　D. 博士

7. 您现在的职称：A. 正高级　B. 副高级　C. 中级　D. 初级

E. 无职称

8. 除科研工作之外，您是否还承担其他工作职责？（可多选）

A. 教学工作　B. 管理工作（如兼职领导岗位）　　C. 社会兼职

D. 其他（请说明）

9. 您的专业方向是：

您的研究方向是：

10. 您参与我校青年科研创新团队的根本原因是（单选题）：

A. 增加获取更高等级课题的机会　B. 获取合作伙伴　C. 增加收入

D. 创新兴趣　E. 与团队负责人关系良好　F. 其他（请说明）

11. 您最终学位授予院校：目前工作或学习单位：

第二部分：青年科研创新团队建设发展意愿问卷

请根据实际情况及您实际工作中的感受，回答以下问题。

1. 您所在的团队有人，主要的研究课题

2. 您认为科研创新团队应实行什么样的领导方式？

A. 集权领导　B. 协商式民主领导　C. 参与式民主领导

D. 其他（请说明）

3. 您认为该团队成员人数：A. 太多　B. 有点多　C. 合适

D. 有些少　E. 明显不足

4. 您认为一个科研创新团队有几名成员比较合适？

A. 3～5　B. 6～8　C. 9～11　D. 12～14　E. 14 人以上

5. 您觉得科研创新团队成员应该具备哪些基本素质？

A. 创新兴趣　B. 良好的沟通能力　C. 团队意识　D. 责任感

E. 认真的态度　F. 专业能力　G. 其他（请说明）

6. 团队组织学术交流的频率：

A. 每周　B. 半个月左右　C.1 个月左右　D.1～2 个月

E. 3 个月以上

7. 团队组织学术活动时，团队成员的出席率：

A. 非常好（80%～100%）　B. 较好（80% 左右）

C. 一般（60%～70% 左右）　D. 较差（50%～60%）

E. 非常差（低于 50%）

8. 您所在的团队中遇到的最大问题：

A. 分工不均　B. 经费不足　C. 研究主题不一致　D. 沟通不足

E. 大家积极性不高　F. 信息获取困难　G. 其次（请写出）：

9. 您与本团队成员合作论文数量：A. 无　B. 1～2 篇　C. 3～4 篇

D. 5~6 篇　E. 7 篇以上

10. 您与本团队成员合作课题数量：A. 无　B. 1~2 项　C. 3~4 项

D. 5~6 项　E. 7 项以上

11. 您的团队中是否存在小的派系：A. 有　B. 没有　C. 不清楚

12. 您所在的团队中是否设置了小组长或者骨干：A. 3 个以上

B. 1~2 个　C. 无

13. 在团队中，您是否较容易找到放心与之探讨学术问题的成员？

A. 十分容易　B. 可以找到　C. 一般　D. 偶尔能找到

E. 完全找不到

14. 您对您团队的研究方向有兴趣么？

A. 十分感兴趣　B. 还可以　C. 一般　D. 不太感兴趣

E. 完全不感兴趣

15. 该团队氛围如何？A. 非常融洽　B. 氛围不错　C. 一般

D. 氛围清冷　E. 差

16. 您觉得在您在团队中发挥最优秀的能力（可多选）

A. 感召力和凝聚力　B. 民主性　C. 信息获取能力

D. 沟通协调能力　E. 学术影响力　F. 团队合作意识　G. 创新能力

H. 计划组织能力　I. 其他：

17. 团队建设经费是否会做收支明细并告之成员

A. 每一笔收支都会　　　　　　　B. 做一个大概的明细

C. 不做明细，口头大致告诉成员　　D. 不告诉成员

18. 您所在的团队培养研究生的数量：

A. 10 个以上　B. 6~9 个　C. 3~6 个　D. 1~2 个

E. 没有培养学生

19. 您认为一个优秀的科研创新团队应具备哪些（多选）：

A. 合理的团队结构　B. 完善的管理制度　C. 专业人才

D. 良好的科研氛围　E. 团队文化　F. 完备的科研设备　G. 其他：

20. 您认为您的团队中最缺乏的成员类型是（可多选）：

A. 将团队决策、想法转化为行动的基层执行者

B. 善于提出不同观点和意见的创新者　C. 勇于提出批评者

D. 学术底蕴深厚的学术领头人　　　　E. 其他

21. 您认为学校对科研创新团队应该实行什么样的考核制度？

A. 考核发表论文及著作的数量　　B. 考核发表论文及著作的质量

C. 考核培养学生情况　　　　　　D. 课题数量和等级

E. 课题经费　　　　　　　　　　F. 团队成员的成长满意度

G. 其他:

22. 您认为您所在的青年科研创新团队建设面临的主要问题有哪些:

第三部分:关于青年科研创新团队建设的影响因素重要性调查

以下各题目反映影响青年科研创新团队建设各因素的重要性。请根据您本人的实际情况或真实感受,对其描述准确性进行判断。

	题目	非常不重要	比较不重要	一般	比较重要	非常重要
1	团队人员的年龄结构	1	2	3	4	5
2	团队各成员的专业方向一致	1	2	3	4	5
3	团队成员的专业是互补的	1	2	3	4	5
4	团队成员的职称结构,高中低比较合理	1	2	3	4	5
5	团队成员有一定的研究经历和研究基础	1	2	3	4	5
6	团队成员的学术兴趣和研究方向的匹配度	1	2	3	4	5
7	团队有清晰的和具体的学术研究方向	1	2	3	4	5
8	团队的建设目标是清晰和具体的	1	2	3	4	5
9	团队的建设目标有一定的挑战性	1	2	3	4	5
10	团队的建设目标是可行的	1	2	3	4	5
11	团队成员之间互相信任	1	2	3	4	5
12	学校给予的建设经费较为充足	1	2	3	4	5
13	能够以团队名义获取其他建设经费	1	2	3	4	5
14	团队建设经费的分配和使用合理、规范	1	2	3	4	5
15	有较为便捷的科研活动办公场所	1	2	3	4	5
16	科研资讯获取便捷	1	2	3	4	5
17	团队成员可以实现知识共享	1	2	3	4	5
18	团队负责人的领导能力	1	2	3	4	5
19	团队负责人的人格魅力	1	2	3	4	5
20	团队负责人的社会影响力	1	2	3	4	5
21	团队负责人有较好的研究经历和研究基础	1	2	3	4	5
22	定期举办学术交流活动	1	2	3	4	5

第四部分:青年科研创新团队建设满意度调查量表

以下各题目反映您对青年科研创新团队的满意度。请根据您本人的实际情况或真实感受,对其描述准确性进行判断。

	题目	非常 不满意	比较 不满意	一般	基本 满意	非常 满意
1	团队的人员规模 345	1	2	3	4	5
2	团队成员之间的专业结构	1	2	3	4	5
3	团队成员的职称结构	1	2	3	4	5
4	团队成员学术兴趣和研究方向的匹配度	1	2	3	4	5
5	团队有清晰的和具体的学术研究方向	1	2	3	4	5
6	团队的建设目标是清晰和具体的	1	2	3	4	5
7	团队的建设目标有一定的挑战性	1	2	3	4	5
8	团队的建设目标是可行的	1	2	3	4	5
9	团队的建设思路和规划方案是可行的	1	2	3	4	5
10	学校对科研团队的经费支持力度	1	2	3	4	5
11	科研设备及团队学术交流的场所	1	2	3	4	5
12	科研创新团队的经费的使用	1	2	3	4	5
13	团队在发展中会注重我的需求及利益	1	2	3	4	5
14	我能够获得较多的帮助和成长机会	1	2	3	4	5
15	科研创新团队成员间的沟通与协作	1	2	3	4	5
16	团队负责人与成员之间的沟通	1	2	3	4	5
17	我能够在团队中发表意见并受到重视	1	2	3	4	5
18	科研创新团队的知识共享	1	2	3	4	5
19	团队负责人的团队管理能力	1	2	3	4	5
20	科研创新团队其他成员的科研能力	1	2	3	4	5
21	团队负责人的科研能力	1	2	3	4	5
22	团队负责人对团队成员能够尊重与信任	1	2	3	4	5
23	团队负责人的个人魅力	1	2	3	4	5
24	团队组建以来取得的研究成果	1	2	3	4	5
25	团队成员外出参加学术会议情况	1	2	3	4	5
26	团队内部成员间的学术交流频率	1	2	3	4	5
27	团队成员利用专业的社会服务能力	1	2	3	4	5
28	团队未来的发展潜力	1	2	3	4	5

问卷到此完成，再次向您表示衷心的感谢！

附件-3 ****大学青年科研创新团队建设支持协议书

委托人（甲方）：大学科研处（负责人:）

受托方（乙方）：创新研究团队（负责人:）

  以跟踪学科前沿，满足国民经济和社会发展需求，培育青年科研创新团队、产生标志性成果为目的，学校特设立"青年科研创新团队支持计划"。为促进科研创新团队研究计划的实施，团队负责人及全体成员须遵守下述要求：

  1. 以科研团队最终提交的《科研创新团队计划申报书》为有效约束。

  2. 按研究计划开展研究工作，不能擅自变更原研究设计中的研究内容和最终成果形式。

  3. 明确科研创新团队的学术带头人、团队成员，以及相应的工作职责与工作。

  4. 应保持科研创新团队人员的稳定，在研科研创新团队计划的所有成员，不能参与其他"青年科研创新团队支持计划"的申报。

  5. 根据学校的相关财务规定，按经费预算合理使用科研经费。

  6. 科研团队应按有关规定及时向学校科研处报送年度科研计划，并依据其年度科研计划开展研究工作。

  7. 科研团队如不能按前述要求实施其研究计划，将根据具体情况减少资助或终止项目支持。

  8. 创新科研团队计划的阶段性成果及最终成果在发表出版时，须在成果显著位置注明"****大学科研创新团队支持计划资助"字样，英文研究成果注明"Supported by Program for Innovation Research in *** University"。

  9. "青年科研创新团队支持计划"每年资助每个科研创新团队10万元研究经费。

  10. 支持期限，自2011年3月17日至2014年3月17日

甲方：（签字）乙方：创新研究团队（签字）

  日期：年月日日期：年月日

参 考 文 献

［1］白永利：《科研团队潜规则与建言行为的关系研究——心理安全感知的中介作用》，重庆大学学位论文，2014 年 6 月。

［2］包云：《高校科研创新团队建设探微》，载《前沿》2007 第9 期。

［3］毕路拯、李志祥、吴平东、刘莹、陈冬冰、王刚：《基于脑信息特征人才选拔的决策模型》，载《中国管理科学》2004 年第 12 期。

［4］卜琳华、何明升：《基于大系统理论的高校科研创新团队知识创新过程管理》，载《系统管理学报》2009 年第 18 期。

［5］卜琳华、赵萍、何明升：《基于联立方程的高校科研创新团队系统模型研究》，载《湖南大学学报（自然科学版）》2009 年第 11 期。

［6］卜琳华：《高校科研创新团队能力跃进机制研究》，载《科技进步与对策》2010 年第 13 期。

［7］蔡家琪、徐进：《上海青年科技创新团队状况及发展趋势》，上海科技系统思想政治工作和人才管理研究会论文选编第十辑，2004 年。

［8］查连芳：《加强科研团队建设》，载《中国高等教育》2002 年第8 期。

［9］陈春花、杨映珊：《基于团队运作模式的科研管理研究》，载《科技进步与对策》2002 年第 4 期。

［10］陈刚、马扬、张玉璐：《科技成果转化的激励研究》，载《科学学研究》2002 年第 5 期。

［11］陈建有、焦平：《高校科技创新团队特性研究》，载《宁夏大学学报》（人文社会科学版）2007 年第 2 期。

［12］陈劲：《协同创新与国家科研能力建设》，载《科学学研究》2011 年第 12 期。

［13］陈喜乐、曾海燕、管美鸣：《基于网络支持的新型科研团队的柔性特征》，全国科学学理论与学科建设暨科学技术学两委联合年会会议论文，2012 年。

［14］陈贤平：《政府科技投入对高校科技支出影响的实证研究－基于 GMM 估计的动态面板数据分析》，载《科技管理研究》2012 年第 9 期。

［15］程勉中：《论高等学校的创新团队建设》，载《研究与发展管理》2005 年第 6 期。

［16］董备义、刘斌：《灰色系统、白化规律与白化权函数》，第 19 届灰色系统全国会议论文，2010 年 4 月。

［17］董海华、洪霄：《发达国家产学研合作经验评析及对常州的启示》，载《科技管理研究》2010 年第 13 期。

［18］董美玲：《高校青年科技创新人才培养策略研究》，载《科技进步与对策》2013 年第 16 期。

［19］杜洋：《高校科研创新团队建设和管理研究》，电子科技大学 2009 年学位论文。

［20］饭田益雄：《科学研究費の基礎知識》，科学新闻社 1998 年版。

［21］房国忠、王晓钧：《基于人格特质的创新型人才素质模型分析》，载《东北师大学报：哲社版（长春)》2007 年第 3 期。

［22］冯海燕：《高校科研团队创新能力绩效考核管理研究》，载《科研管理》2015 年第 1 期。

［23］付林、李冬叶：《高校科研经费的使用监管机制》，载《黑龙江高教研究》2009 年第 11 期。

［24］付晔、杨军：《论高校科研经费使用问题产生的根源与治理术》，载《研究与发展管理》2014 年第 4 期。

［25］高阳．《创新评价让人才自由追梦》，中国人事科学研究网，2015 年 12 月 20 日。

［26］郭碧坚：《科研管理部门确定优先研究项目的方法论》，载《科技管理研究》（广州）1997 年第 6 期。

［27］郭宁生、刘春龙：《高校科研管理人员素质测评层次分析模型研究》，载《科技进步与对策》2014 年第 20 期。

［28］国家科技评估中心：《国际评估概述》，国家科技评估中心官网，2002 年 10 月 13 日。

［29］韩冰、韩雪：《论高校青年科研创新团队的管理定位》，载《创新与创业教育》2013 年第 4 期。

［30］韩宇、张志辉、刘卫、赵艳梅、赵学文：《科学基金青年科研

队伍的变化与政策思考》，载《科学学研究》2002年第1期。

[31] 何晶晶：《高校科技创新团队的建构与管理》，南京航空航天大学2009年学位论文。

[32] 贺梅英、戴雪飞：《高校科研成果评价机制对科研团队成长的作用》，载《农业科技管理》2010年第5期。

[33] 胡朝阳：《试论政府资助科技项目成果转化中的权力干预机制》，载《中国科技论坛》2010年第11期。

[34] 黄多能：《高层次创新型人才开发的激励政策研究》，安徽大学2014年学位论文。

[35] 黄萍莉、谢守美、龚主杰：《面向科研的嵌入式服务的协同架构体系》，载《中国教育报》1999年10月28日。

[36] 黄文盛、李秋萍、熊敏、王潇潇、于树清：《企业科技创新人才绩效考核方法研究》，载《石油科技论坛》2014年第5期。

[37] 惠赟、王前、刘阳：《基于科研人员行为特征的科研团队激励模式分析》，载《科技管理研究》2008年第6期。

[38] 江卫东：《行为导向的团队成员绩效管理研究》，载《南京理工大学学报（社会科学版）》2005年第3期。

[39] 蒋鸿雁：《团队行为的研究》，载《科教文汇》2008年第11期。

[40] 蒋熙辉：《社会科学领域科研成果转化的若干思考——以科研生产力建设为视角》，载《社会科学管理与评论》2009年第1期。

[41] 鞠铭：《应用型科研院所青年科技创新团队工作活力和创新行为影响因素及创新激励机制研究》，复旦大学2009年学位论文。

[42] 柯丽菲、黄远仪、何国煜：《团队组织公民行为与工作特征、绩效关系实证研究》，载《财经问题研究》2008年第04期。

[43] 李清彬、任子雄：《中国省际高校科研效率的经验研究：2002~2006-基于DEA模型的效率分析》，载《山西财经大学财报》2009年第12期。

[44] 李霞：《高校创新型科研团队行为模式及其对绩效的影响研究》，武汉理工大学2012年学位论文。

[45] 李燕萍、郭玮、黄霞：《科研经费的有效使用特征及其影响因素：基于扎根理论》，载《科学学研究》2009年第11期。

[46] 李忠云、邓秀新：《高校协同创新的困境、路径及政策建议》，

载《中国高等教育》2011 年第 17 期。

[47] 廖志豪：《基于素质模型的高校创新型科技人才培养研究》，华东师范大学 2012 年学位论文。

[48] 林莉：《高校科研创新团队创新行为及其系统动力学模型建构的研究》，第三军医大 2009 年学位论文。

[49] 林守一、李国华：《加强科技成果管理，促进科技成果转化》，载《中外科技政策与管理》1996 年第 11 期。

[50] 刘慧、陈士俊、张丽霞：《高绩效科研团队构建的问题与对策分析》，载《天津师范大学学报（社会科学版）》2011 年第 3 期。

[51] 刘慧敏、王刊良、田军：《虚拟科研团队中的信任、冲突与知识共享的关系研究》，载《科学学与科学技术管理》2007 年第 6 期。

[52] 刘念才、赵文华：《面向创新型国家的高校科技创新能力建设研究》，中国人民大学出版社 2006 年版。

[53] 刘庆华：《产学研合作机制及发展模式初探》，载《科技管理研究》2009 年第 9 期。

[54] 刘彦：《日本以企业为创新主体的产学研制度研究》，载《科学学与科学技术管理》2007 年第 2 期。

[55] 刘永茂：《人才团队创造高绩效的加速器——实时绩效管理模型的设计与实现》，载《中国人力资源开发》2009 年第 8 期。

[56] 陆根书、赵颖、刘蕾、闫妮：《教育部直属高校科研投入产出效率及其发展趋势分析》，载《大学教育科学》2013 年第 1 期。

[57] 陆萍、卜琳华：《高校创新团队协同力评价指标体系的构建》，载《哈尔滨工业大学学报：社会科学版》2010 年第 2 期。

[58] 罗永泰：《虚拟型学习团队构建与成长》，天津社会科学院出版社，2005 年版。

[59] 马志宏：《高校科研经费管理的全过程跟踪审计》，载《财会月刊》2012 年第 29 期。

[60] 毛学峰、刘冬梅：《服务体系、成果转化与农业科技创新》，载《改革》2012 年第 2 期。

[61] 孟建平、蒋日富、谭红军：《科研团队成员需求特征的实证研究》，载《科研管理》2008 年第 2 期。

[62] 南荣素、建蕾、林晚发：《政府和市场双重调节视角下的科技创新问题研究——以校企合作对高校科研产出的影响为例》，载《海派经

济学》2015 年第 4 期。

[63] 戚湧、孟小燕、赵宏、丁刚：《基于 Malmquist 指数的创新团队合作研发绩效评价》，载《科技进步与对策》2011 年第 20 期。

[64] 卿文洁：《加强高校科研经费管理的对策探讨》，载《湖南科技大学学报（社会科学版）》2011 年第 1 期。

[65] 日本学术振兴会：《2010～2011 独立行政法人日本学术振兴会事业概要》，日本学术振兴会网站，2012 年 3 月 1 日。

[66] 日本学术振兴会：《科研费デ》，日本学术振兴会网站，2013 年 1 月 10 日.

[67] 尚水利：《团队精神》，时事出版社 2005 年版。

[68] 施定国、徐海洪、刘凤朝：《政府科技投入对高校科技支出及专利产出的影响》，载《科技进步与对策》2009 年第 12 期。

[69] 时玉宝：《创新型科技人才的评价、培养与组织研究》，北京交通大学 2014 年学位论文。

[70] 史伟、施卫东：《科研院所科技成果转化与风险投资基金合作的模式》，载《中国科技论坛》2002 年第 2 期。

[71] 宋克勤：《国外科技创新人才环境研究》，载《经济与管理研究》2006 年第 1 期。

[72] 宋永杰：《科研经费全过程管理的探讨》，载《中国科技论坛》2009 年第 11 期。

[73] 苏俊宏、彭渝丽、李高宏、于小宁：《西部地区地方高校科研绩效评价体系研究与实践探索》，载《科学学与科学技术管理》2009 年第 6 期。

[74] 眭平：《卡文迪许实验室与贝尔实验室的人才方略比较与启示》，载《实验技术与管理》2011 年第 4 期。

[75] 孙锐、顾琴轩：《基于问题解决的科技创新人才能力培养策略研究》，载《自然辩证法研究》2007 年第 11 期。

[76] 孙瑞华、齐松仁、左焕琼、刘雁飞、王若涛：《医师科研绩效评估指标体系及构建的探讨》，载《中华医学科研管理杂志》2000 年第 1 期。

[77] 孙世敏、项华录、兰博：《基于 DEA 的我国地区高校科研投入产出效率分析》，载《科学学与科学技术管理》2007 年第 7 期。

[78] 孙孝科：《高校高绩效科研团队：特质、意蕴及其打造》，载

《科技与经济》2011 年第 5 期。

[79] 汤超颖、朱月利、商继美：《变革型领导、团队文化与科研团队创造力的关系》，载《科学学研究》2011 年第 2 期。

[80] 唐景莉、黄文拔：《尖人才＋创新团队全力打造高层次创造性人才——教育部有关负责人答本报记者问》，载《中国教育报》2004 年 7 月 8 日。

[81] 万锋锋：《论高校科技创新团队的冲突与解决》，载《学术论坛》2009 年第 7 期。

[82] 王贝贝：《创新型科技人才特征：结构维度、相互影响及其在评价中的应用》南京航空航天大学学位论文，2013 年。

[83] 王楚鸿、杨干生：《全国高校科技经费投入产出效率分析——基于 1992～2007 年面板数据的研究》，载《科技管理研究》2010 年第 7 期。

[84] 王殿军：《努力培养拔尖创新人才》，载《人民教育》2011 年第 3 期。

[85] 王海峰、罗长富、李思经：《关于青年科技创新人才成长的思考与对策》，载《中国科技论坛》2014 年第 3 期。

[86] 王婕：《河北省高校创新团队建设问题研究》，燕山大学学位论文，2010 年。

[87] 王磊：《大学创新学术团队研究》，华东师范大学博士学位论文，2008 年。

[88] 王明杰、张锦：《研究生创新人才培养的考核评估制度分析》，载《国家教育行政学院学报》2012 年第 7 期。

[89] 王琼：《高校教师创新团队运行模式研究》，南京理工大学学位论文，2006 年。

[90] 王世强、光翠娥：《组建科研团队提升地方高校科技实力》，载《科学学与科学技术管理》2004 年第 8 期。

[91] 王筱欣、刘军：《教育投资与东西部收入分配差距》，载《经济问题探索》2001 年第 5 期。

[91] 王怡然、张楠楠、郭远远：《高校创新团队信任及其模式演变的实证研究》，载《科技管理研究》2009 年第 9 期。

[93] 王怡然、张楠楠：《高校创新团队互动过程研究》，载《科技进步与对策》2010 年第 5 期。

[94] 王怡然：《高校创新团队信任构建及其影响绩效的机制研究》，天津大学学位论文，2007 年。

[95] 王峥、王永梅：《高层次创新型科技人才选拔中评价中心技术应用初探——以科研项目负责人为例》，载《科技管理研究》2012 年第 1 期。

[96] 魏爱琴：《文化因素对员工团队行为影响的调查与改善研究》，载《甘肃社会科学》2005 年第 6 期。

[97] 文芮：《集体效能感对个体和团队行为的影响》，载《学习月刊》2008 年第 408 期。

[98] 吴江、张相林：《我国海外人才引进后的团队建设问题调查》，载《中国行政管理》2015 年第 9 期。

[99] 伍冠锁：《农业科研院所科技创新团队建设的思考》，载《江苏农业科学》2012 年第 9 期。

[100] 席酉民、李圭泉、郭菊娥：《研究型创新人才科研支持体系的战略思考》，载《科技进步与对策》2011 年第 14 期。

[101] 肖俊一：《以科研项目为依托的高校科研创新团队建设研究》，载《当代教育理论与实践》2014 年第 9 期。

[102] 谢耀霆：《面向协同创新的高校科研团队组织模式与激励机制探析》，载《高等工程教育研究》2015 年第 1 期。

[103] 谢晔、霍国庆、张晓东：《我国科研团队领导力模式研究》，载《科学学研究》2013 年第 1 期。

[104] 徐娟：《我国各省高校科研投入产出相对效率评价研究——基于数据包络分析方法》，载《清华大学教育研究》2009 年第 2 期。

[105] 徐正富：《科研院所科研创新团队建设的思考》，载《北京石油管理干部学院学报》2013 年第 6 期。

[106] 薛娇：《发展创新团队，建设一流大学》，载《中国高校科技与产业化》2007 年第 12 期。

[107] 杨忠泰：《"科技成果转化"质疑》，载《科学技术与辩证法》2003 年第 6 期。

[108] 杨宗仁、巨有谦、李盈洲：《创新理论的嬗变和我国科技创新团队建设》，载《甘肃社会科学》2009 年第 3 期。

[109] 衣新发、蔡曙山：《创新人才所需的六种心智》，载《北京师范大学学报》2011 年第 4 期。

[110] 于翔:《我国高校社会科学科研成果转化问题研究——基于协同创新视角》,载《南京理工大学学报(社会科学版)》2014年第3期。

[111] 袁桅:《如何构建高校科研创新团队激励机制》,载《中国高校科技》2015年第8期。

[112] 张滨楠:《研究型大学科研创新团队知识存续研究》,哈尔滨工业大学学位论文,2013年。

[113] 张桂蓉、蒋萌:《研究型中医院科研人才培养及绩效考核的经验探讨》,载《电力安全技术》2015年第7期。

[114] 张海燕:《高校科技创新团队成长性评价研究》,天津大学学位论文,2006年。

[115] 张捷、杨恒哲:《高校科研团队凝聚力影响因素及对策研究》,南京大学出版社2014年版。

[116] 张丽丽:《高校创新团队建设与评价研究》,载《山东青年》2015年第1期。

[117] 张茂林:《创新背景下的高校科研团队建设研究》,华中师范大学学位论文,2011年。

[118] 张相林、向勇:《我国高校教师年度业绩量化考评现状、问题及建议》,载《中国人力资源开发》2006年第1期。

[119] 张相林、向勇:《我国青年科技人才科学精神与创新行为关系研究》,载《中国软科学》2011年第9期。

[120] 张相林:《北京市青年科技人才开发中的问题调研与对策初探》,中国管理学年会——组织行为与人力资源管理分会场会议论文,2009年。

[121] 张相林:《科技人才创新行为评价体系设计研究》,载《中国行政管理》2010年第7期。

[122] 张艳、彭颖红:《试论高校科研创新团队的管理》,载《安徽农业大学学报(社会科学版)》2006年第7期。

[123] 张卓:《科研院所研发团队管理模式研究》,中国科学院大学学位论文,2013年。

[124] 赵立丛:《科研团队绩效考核双向指标分析》,载《现代经济信息》2009年第22期。

[125] 赵强强、陈洪转、俞斌:《利用截面数据对地域高校科研经费使用效率的评价》,载《科学学与科学技术管理》2009年第9期。

[126] 赵时亮、陈通：《虚拟科研团队及其管理研究》，载《科学学与科学技术管理》2005年第5期。

[127] 中山茂：《科学技術の戦後史》，岩波书店1995年版。

[128] 中央财经大学课题组：《国家财政投入对科研产出的影响——基于"211工程"院校的实证研究》，载《统计研究》2013年第8期。

[129] 周霏：《团队支持感、科研自我效能感对高校科研团队创新绩效的作用研究》，浙江工业大学学位论文，2009年。

[130] 周洪利：《高校科技创新团队组建和管理研究》，天津大学学位论文，2007年。

[131] 周文燕：《高校科技成果转化难的成因及对策》，载《湖南农业大学学报：社科版》2006年第4期。

[132] 朱平：《应用H指数对研究所高层科研人员科研成就评价的适用性分析》，第八届全国科技评价学术研讨会论文，2008年。

[133] 朱学红、胡艳、黄健柏、杨涛：《科技创新团队心理契约的违背与重建》，载《预测》2007年第6期。

[134] 竹正功、孙文德：《科研院所加速科技成果转化的对策研究》，载《中国科技产业》1998年第2期。

[135] ［德］哈肯：《协同学》，徐锡申、陈式刚等译，北京原子能出版社1984年版。

[136] ［美］杰克·D·奥斯本、琳达·默兰：《自我管理型团队》，李松玉、赵辉译，人民邮电出版社2004年版。

[137] ［美］罗宾斯：《组织行为学（第十版）》，孙健敏、李原译，中国人民大学出版社2003年版，121，142.

[138] ［美］托马斯·库恩：《科学革命的结构》，金吾伦、胡新和译，北京大学出版社2003年版。

[139] ［英］J. D. 贝尔纳：《科学的社会功能》，陈体芳译，商务印书馆1982年版。

[140] Abbott M. and C. Doucouliagosa. The Efficiency of Australian Universities: A Data Envelopment Analysis. *Economics of Education Review*, No. 22, 2003, pp. 89 – 97.

[141] Ahn T. , V. Arnold, A. Charnes, and W. W. Cooper. DEA and Ratio Efficiency Analyses for Public Institutions of Higher Learning in Texas. *Research in Governmental and Nonprofit Accounting*, No. 5, 1989, pp. 165 – 185.

[142] Alchian A. and Demsetz H. Production, information cost and economic organization. *American Economic Review*, Vol. 62, No. 5, 1972, pp. 777 –795.

[143] Allen C. A. , and Harry J. S. The Effects of Top Management Team Size and interaction Norms on Cognitive and Affective Conflict. *Journal of Management*, Vol. 23, No. 4 1997, pp. 495 –516.

[144] Amabile T. M. , and Hill K . G. The work preference inventory: assessing intrinsic and extrinsic and extrinsic motivation orientations. *Journal of Personality and Social Psychology*, Vol. 66, 1994, pp. 950 –967.

[145] Amabile T. M. *The Social Psychology of Creativity.* Springer Verlag, 1983, pp. 89 –95.

[146] AndrewsF. M. Creative Ability, the Laboratory Environment, and Scientific Performance. *IEEE Transactions on Engineering Management*, Vol. 14, 1967, pp. 76 –83.

[147] A. Dijksterhuis. Where creativity resides: The generative power of unconscious thought. *Consciousness and Cognition*, Vol. 15, No. 1, March 2006, pp. 135 –146.

[148] Astebro T. The return in independent invention: evidence of unrealistic optimism, risk seeking or skewness loving? *Economic Journal*, Vol. 113, No. 4, 2003, pp. 226 –239.

[149] Azagra – Caro J. , Carayol N. , and Llerena P. Patent production at a European researchuniversity: exploratory evidence at the laboratory level. *Journal of Technology Transfer*, Vol. 31, No. 3, 2006, pp. 257 –268.

[150] Azagra – Caro J. M. and Llerena P. Types of contractual funding and university patents: from analysis to a case study. Knowledge and Economicand Social Change: New Challenges to Innovation Studies Conference, July, 2003.

[151] Barbara S. and Michael P. Designing research organizations for science innovation. *Long Range Planning*, Vol. 32, No. 4, August 1999, pp. 441 –451.

[152] Blumenthal D. , Gluck M. and Louis K. S. University-Industry Research Relationships in Biotechnology: Implications for the University and Science. *New Series*, Vol. 232, 1986, pp. 1361 –1366.

[153] Campion M. A. , Medsker G. J, Higgs A. C. Relations between

work group characteristics and effectiveness: implications for designing effective. *Administrative Science Quarterly*, Vol. 29, No. 4, 1984, pp. 499 – 517.

[154] Carmen Z., Cezar S., and Ptnar F. Team composition and team performance: achieving higher quality results in an international higher education environment. Active Citizenship by Management, Knowledge Managementand Innovation Knowledge and Learning 19 – 21Zadar, Croatia International Conference, 2013.

[155] Catherine B. and Sedki A. Impact of public and private research funding on scientific production: The case of nanotechnology. *Research Policy*, Vol. 41, 2012, pp. 1589 – 1606.

[156] Cheng C. Y., Burks J. S., and Fiona L. Taking advantage of differences: increasing tern innovation through identity integration. *Research on Managing Groups and Teams*, Vol. 11, 2008, pp. 55 – 77.

[157] Christopher A. G. and Stephen. Communication behaviour during management and design team meetings: a comparison of group interaction. *Construction Management and Economics*, Vol. 25, No. 11, 2007, pp. 1195 – 1211.

[158] Crespo M. and Dridi H. Intensification of University – Industry Relationships and Its Impact on Academic Research. *Higher Education*, Vol. 54, No. 1, 2007, pp. 61 – 84.

[159] Cross R. and Parker A. The hidden power of social networks. *Harvard Business Review*, No. 3, 2004, pp. 124 – 132.

[160] Deborah D. and Helen T. Team play: Heedful interrelating as the boundary for innovation. *Long Range Planning*, Vol. 37, No. 6, December 2004, pp. 569 – 590.

[161] Deborah S and Roever C. Team building Success: it's in the card. *BusinessCommunication Quarterly*, No. 3, 2009, pp. 90 – 96.

[162] Ednnondson A. Psychological safety and learning behavior in work teams. *Administrative Science Quarterly*, Vol. 44, No. 6, 1999, pp. 350 – 383.

[163] Elizabeth Q. C. Insight from multiple disciplinary angles: a case study of an interdisciplinary research team. *New Directions for Teaching and Learning*, No. 6, 2005, pp. 37 – 44.

[164] Enberg C. Enabling Knowledge Integration in Coopetitive Rand

Projects. The Management of Conflicting Logics. *International Journal of Project-Management*, Vol. 30, 2012, pp. 17 – 19.

[165] Eric S. , Kenneth P. D. , and David F. Work teams: applications and effectiveness. *American Psychologist*, Vol. 45, 1990, pp. 120 – 133.

[166] Esteve M. , YsaT. , and Longo F. The Creation of Innovation-through Public-private Collaboration. *Revista Espanola De Cardiologia*, Vol. 65, No. 9, September 2012, pp. 835 – 842.

[167] F. M. Leo, I. Gonzalez – Ponce, P. A. Sanchez – Miguel, A. Ivarsson, and T. García – Calvo. Roleambiguity, role conflict, team conflict, cohesion and collective efficacy in sport teams: A multilevel analysis. *Psychology of Sport and Exercise*, Vol. 20, 2015, pp. 60 – 66.

[168] Field A. Diagnosing and fixing, dysfunctional teams. *Harvard Management Update*, Vol. 3, 2009, pp. 2 – 6.

[169] Flegg A. T. , D. O. Allen, K. Fifld and T. W. Thurlow. Measuring the Efficiency of British Universities: a Multi – period Data Envelopment Analysis. *Education Economics*, Vol. 12, 2004, pp. 231 – 249.

[170] Florence T. P. The antecedents of coopermive behaviour among project team members: an alternative perspective on all old issue. *Construction Management and Economics*, Vol. 22, No. 12, 2004, pp. 1033 – 1045.

[171] Friedman L. and Z. Sinuany – Stern. Scaling Units Via the Canonical Correlation Analysis in the Data Envelopment Analysis Context. *European Journal of Operational Research*, Vol. 100, 1997, pp. 629 – 637.

[172] George S. E. and Eve D. R. Team leader experience in improvement teams: A social networks perspective. *Journal of Operations Management*, Vol. 37, 2015, pp. 13 – 30.

[173] Gerben S. V. D. V, Evert V. D. V. and Aad O. Information dissimilarity and organizational citizenship behavior: the role of intra – team interdependence and team identification. *Academy of Management Journal*, Vol. 46, No. 6, 2003, pp. 715 – 727.

[174] Geuna A. and L. NESTA. University Patenting and Its Effects on Academic Research: The Emerging European Evidence. *Research Policy*, Vol. 35, No. 6, 2006, pp. 790 – 807.

[175] Gladstein D. L. Groups in context: a model of task group effective-

ness. *Administrative Science Quarterly*. Vol. 29, No. 4, 1984, pp. 499 – 517.

[176] Gloor P. A. , Paasivaara M. and Schoder D. Finding collaborative innovation networks through correlating performance with social network structure. *International Journal of Production Research*, Vol. 46, No. 5, 2008, pp. 1357 – 1371.

[177] Godin B. The measure of science and technology and the construction of a statistical territory. *Canadian Journal of Political Science*, Vol. 33, No. 2, 2000, pp. 333 – 358.

[178] Griliches Z. Research costs and social returns: Hybrid corn and related innovations. *Journal of Political Economy*, Vol. 66, 1958, pp. 419 – 431.

[179] H. Saleem. The impact of leadership styles on job satisfaction and mediating role of perceived organizational politics. *Procedia-Social and Behavioral Sciences*, Vol. 172, 2015, pp. 563 – 569.

[180] HoeverI. J. et al. Fostering Team Creativity: Perspective Taking as Key to Unlocking Diversity 'sPotentia. *Journal of Applied Psychology*, Vol. 97, 2012, pp. 65 – 73.

[181] Howell J. M. and Shea C. M. Individual Differences, Environmental Scanning, Innovation Framing, and Champion Behavior: Key Predictors of Project Performance. *Journal of Product Innovation Management*, Vol. 18, No. 7, 2001, pp. 8 – 12.

[182] Isaksen S. G. and Tref Finger D. J. *Creative Problem Solving*: *the Basic Course*. Bearly Limited. 1985, pp. 89 – 92.

[183] Jesus R. Research Productivity of scientists in Consolidated teams: The Case of Spanish University Geologists, *Seientometries*, Vol. 55, No. 1, 2002, pp. 137 – 156.

[184] Joseph F. P. , James B. W. , Harald M. F. Human capital heterogencity, collaborative relationships, and publication patterns in a multidisciplinary scientific alliance: a comparative case study of two scientific teams. *Research Policy*, Vol. 33, 2004, pp. 661 – 678.

[185] Jurado J. V. , Femaiidez-De-Lucio T. and Huanca R. University-Industry Relations in Bolivia: Implications for University in Latin America. *Higher Education*, Vol. 56, No. 2, 2008, pp. 205 – 220.

[186] Katenbach J. R. and Smith D. K. *The Discipline of Teams*. Harvard

Business Press, 1993, pp. 111 – 120.

[187] Katenbach J. R. and Smith D. K. *The Wisdom of Teams: Greating the High-Performance Organization.* Harvard Business School Press, 1993, pp. 30 – 33.

[188] King N. and Anderson N. *Innovation and change: A critical for organization.* London Thompson Press, 2002, pp. 65.

[189] Kratzer J. , Leenders R. , and Engelen J. Stimulating the potential: creative performance and communication in innovation teams. *Creativity and Innovation Management*, Vol. 13, No. 1, 2004, pp. 3 – 71.

[190] Lee Y. S. Technology Transfer and the Research University: A Search for the Boundaries of University-Industry Collaboration. *Research Policy*, Vol. 25, No. 6, 1996, pp. 843 – 863.

[191] LinC. , Y. Ma, P. Malatesta and Y. H. Xuan. Corporate Ownership Structure and Bank Loan Syndicate Structure. *Journal of Financial Economics*, No. 7, 2011, pp. 1 – 22.

[192] Manning T. , Graham P. , and Morrison Z. Interpersonal influence in the workplace—part three: some research findings: influencing behavior and team role behavior. *Industrial and Commercial Training*, Vol. 40, No6, 2008, pp. 328 – 334.

[193] M. C. Lohman. Cultivating Problem-Solving Skills through Problem-Based Approaches to Professional Development. *Human Resource Development Quarterly*, Vol. 13, No. 3, September 2002, pp. 188 – 195.

[194] Martin H. Smaller teams—better teamwork: How to keep project teams small. *Business Horizons*, Vol. 48, No. 3, May – June 2005, pp. 209 – 214.

[195] Martin H. and Luigi P. Team member proximity and teamwork in innovative projects. *Research Policy*, Vol. 33, 2004, pp. 1153 – 1165.

[196] Maznevski M. L. and Athanassiou N. A. Guest Editors' Introduction to the Focused Issue: A New Direction for Global Teams Research. *Management International Review*, Vol. 46, No. 6, 2006, pp. 631 – 645.

[197] McGrath R. G. , Tsai M. H. , Venkataraman S. , et al. Innovation, CompetitiveAdvantage and Rent: A model and Test. *Management Scinece*, Vol. 42, No. 4, 1996, pp. 33 – 39.

[198] Mierlo H. V. , Rutte C. G. , Vermunt J. K. , Kompier M. A. J. ,

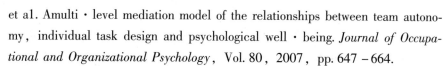

et al. Amulti · level mediation model of the relationships between team autonomy, individual task design and psychological well · being. *Journal of Occupational and Organizational Psychology*, Vol. 80, 2007, pp. 647 – 664.

[199] Moenaert R. K., Caeldries F., Lievens A., et al. Communic-zation Flows inInternational Product Innovation Teams. *Journal of Product Innovation Management*, Vol. 17, No. 9, 2000, pp. 35 – 36.

[200] Morgan S. Building collaborative innovation capability. *Industrial Research Institute*, No. 3, 2006, pp. 37 – 47.

[201] N. Baninajarian and Z. B. Abdullah. Groups in Context: A Model of Group Effectiveness. *European Journal of Social Sciences*, Vol. 8, No. 2, 2009, pp. 163 – 170.

[202] Ola L. Key Elements to an Effective Building Design Team. *Procedia Computer Science*, Vol. 64, 2015, pp. 838 – 843.

[203] Otto A. and Mika N. University research funding and publication performance—an international comparison. *Research Policy*, Vol. 39, 2010, pp. 822 – 834.

[204] Pearce C. L. and Ensley M. D. A. Reciprocal and Longitudinal Investigation of the Innovation Process: The Central Role of Shared Vision in Product and Process Innovation Teams (PPITs). *Journal of Organizational Behavior*, Vol. 25, No. 3, 2004, pp. 52 – 58.

[205] R. J. Linn, W. Zhang, and Z. Li. An Intelligent Management Systemfor Technology Management. *Computersand Industrial Engineering*, Vol. 38, 2000, pp. 397 – 412.

[206] R. A. K Cox and R. T. Kleiman. Superstardom and institutional investor's all-British research team. *Managerial Finance*. Vol. 28, No. 1, 2002, pp. 1 – 13.

[207] R. B. Freeman. Does Globalization of the Scientific/Engineering Workforce Threaten U. S. Economic Leadership? *Innovation Policy and the Economy*, Vol. 6, 2006, pp. 123 – 157.

[208] Roco M. Creative Personalities about Creative Personality in Science. *Revue Roumaine de Psychologic*, Vol. 37, No. 1, 1993, pp. 27 – 36.

[209] S. W. F. Omta, and Jo M. L. *Preparing for the 21century*. Research Technology Management, 1998, pp. 31 – 35.

[210] Senano V. and T. Fischer. Collaborative Innovation in Ubiquitous Systems. *International Manufacturing*, Vol. 18, 2007, pp. 599 – 615.

[211] S. Hsu, K. Weng, Q. Cui, and W. Rand. Understanding the complexity of project team member selection through agent – based modeling. *International Journal of Project Management*, Vol. 34, 2015, pp. 82 – 93.

[212] SimonH. A. Creativity in the arts and the sciences. *Kenyon Review*, No. 2, 2001, pp. 203 – 220.

[213] S. C. Lilian. Virtual teams: opportunities and challenges for e-leaders. *Procedia-Social and Behavioral Sciences*, Vol. 110, 2014, pp. 1251 – 1261.

[214] Stefano B., Leonardo C., Massimo M., and Ferdinando P. IT knowledge integration capability and team performance: The role of team climate. *International Journal of Information Management*, Vol. 30, 2010, pp. 542 – 551.

[215] Stig O. Participation action research – A key to improved knowledge of management. *Technovation*, Vol. 23, No. 2, February 2003, pp. 87 – 94.

[216] Syer J. *How Teamwork Works: The Dynamics of Effective Team Development*. Blacklick, Ohio: McGraw-Hill College, 1997, pp. 45 – 46.

[217] T. R. Keen. *Creating Effective and Successful Teams*. Purdue University Press, 2004, pp. 92 – 93.

[218] U. Heinz, T. Baga, D. Gebert, and E. Kearney. Leadership and cooperation as Success factors in innovative R&D projects on electronic platforms. *Team Performance Management*, Vol. 12, No. 3/4, 2006, pp. 66 – 76.

[219] V. G. Marina and N. Peter. Knowledge Virtualization and Local Connectedness Among Young Globalized High-Techcompanies. *Technologial Forecadting and Social Change*, Vol. 79, No. 7, Sempteber 2012, pp. 10 – 17.

[220] West M. A. Role innovation in the world of work. *British Journal of Social Psychology*, No. 8, 1989, pp. 305 – 315.

[221] Y. Lee, J. P. Walsh, and J. Wang. Creativity in scientific teams: Unpacking novelty and impact. *Research Policy*, Vol. 44, No. 3, April 2015, pp. 684 – 697.

[222] Y. Chen, D. Wu, J. Sun, F. Wang, and W. Jiao. Design and Implementation of a Scientific Research Funds Analysis Model Based on Boston Matrix. *Procedia Computer Science*, Vol. 55, 2015, pp. 953 – 959.

[223] Zeynep O. and Mustafa T. Team Effectiveness in Sport Teams: The Effects of Team Cohesion, Intra Team Communication and Team Norms on Team Member Satisfaction and Intent to Remain. *Procedia-Social and Behavioral Sciences*, Vol. 150, 2014, pp. 420 – 428.

后　　记

　　本书是在全国教育科学规划项目"高校协同创新相对绩效评价指标体系研究"（项目编号：DIA130314）的研究基础上修改、补充成书的，在写作过程得到了中央财经大学科研处相关领导、中央财经大学52支青年科研创新团队的大力支持，同时，本书吸收了本书作者之一张相林博士的博士毕业论文《我国青年科研创新人才创新行为实证研究》以及博士后出站报告《我国海外人才团队式引进问题研究》等部分研究成果，得到了中国人事科学研究院原院长吴江教授、北京大学萧鸣政教授、中国与全球化智库（CGG）主任王辉耀博士的细心指导和斧正，在此一并致以谢意。

　　关于科研创新团队建设尤其是高校青年教师科研创新团队建设的研究，目前国内外的研究成果斐然，但也存在诸多问题，尚不深入，也存在不少分歧意见，尚待我们做进一步的理论研究和实践探索。特别是在国家创新战略实施之际，创新是引领发展的第一动力，是建设现代化经济体系的战略支撑，创新发展是高校义不容辞的使命和担当，创新人才的培养必将推动高等教育进入内涵式发展的新阶段，成为我们推进创新性国家建设和教育强国的强大动力。

　　本书是两位作者长期以来科研管理实践工作和科研管理研究心得和体会的结晶，是面向高校青年科研人才团队建设研究的一次尝试，谬误之处难免，恳请业界专家学者给予指正。

本书作者 于北京沙河高教园

2017 年 10 月